rororo

Zu diesem Buch

Mit „vital – die diät" wird Abnehmen zum Genuss. Nach diesem Motto stellt die Zeitschrift VITAL ihre Diät-Kompetenz seit mehr als 10 Jahren Monat für Monat unter Beweis. Die VITAL-Diät mit vielen Tipps zur Ernährungsumstellung – immer auf dem neuesten Stand der Ernährungsforschung – macht es leicht gesund abzunehmen und garantiert dauerhaften Erfolg.

vital

die diät

Erfolgreich abnehmen mit Genuss

Rowohlt Taschenbuch Verlag

Originalausgabe
veröffentlicht im
Rowohlt Taschenbuch Verlag,
Reinbek bei Hamburg
Januar 2005

Lektorat Martina Behrens
Konzept, Text und Redaktion
Stefanie Nickel, Antje Klein,
VITAL, Hamburg
Grafische Konzeption und
Gestaltung Vicki Groombridge,
VITAL, Hamburg
Umschlaggestaltung Vicki
Groombridge, VITAL, Hamburg
Herstellung Birgit Imbeck,
VITAL, Hamburg
Reproduktionen Onnen & Klein
GmbH & Co. KG, Hamburg
Druck und Bindung
Clausen & Bosse, Leck
Printed in Germany
ISBN 3 499 61972 5

Fotos (Umschlag) Jahreszeiten
Verlag Sydication/Oliver
Schwarzwald, Wolfgang
Schardt, Wolfgang Kowall,
Janne Peters, Sonja Schäfer,
Jan C. Brettschneider;
Jahreszeiten Verlag
Syndication; (Seite 32)
Jahreszeiten Verlag
Syndication/Janne Peters;
(Seite 20, 46) mit freundlicher
Unterstützung der
ReformhausINFORMATION

inhalt

Rezepte

Anhang

vorwort

VITAL steht seit vielen Jahren für gesundes und dauerhaftes Abnehmen, ohne zu hungern. Der Schlüssel ist eine langfristige Umstellung Ihrer Ernährung. Eine ausgewogene Nährstoffversorgung und vor allem viele leckere Rezepte garantieren den Erfolg. Viele Leser fragen uns nach neuen abwechslungsreichen Rezepten und praktischen Tipps für eine lang anhaltende Gewichtsreduktion. Jetzt haben wir unser Wissen als kompakte Anleitung in ein Buch gefasst. Egal, ob Sie schon vieles ausprobiert haben oder ganz neu starten möchten, in diesem Buch werden Sie auf jeden Fall fündig. Sie müssen kein Ernährungsprofi und keine Superköchin sein, um die VITAL-Informationen zu verstehen oder die alltagstauglichen Rezepte nachzukochen. Die VITAL-Diät ist für alle gedacht, die Spaß am Kochen haben und abnehmen wollen, ohne auf den Genuss zu verzichten. Nehmen Sie sich etwas Zeit, lassen Sie sich einfach durch das Buch dazu verführen, mit der VITAL-Diät dauerhaft schlank und glücklich zu werden.
Wir wünschen Ihnen Spaß beim Lesen und Kochen und viel Erfolg beim Abnehmen.

Ihr VITAL Team

Einfach schlank ohne Stress

Abnehmen mit Wohlfühlfaktor

Die perfekte Figur – das ist kein Traum! Hier gibt es für jeden den individuellen Weg zum Wunschgewicht. Gute Laune und Wohlbefinden kommen nicht zu kurz. Worauf noch warten – am besten sofort starten!

Ein kritischer Blick in den Spiegel zeigt es – etwas zu viel auf den Hüften oder an Bauch, Beinen und Po. Fast alle, die mit ihrer Figur unzufrieden sind, haben deshalb schon eine oder mehrere Diäten ausprobiert. Die Auswahl an immer wieder neuen und alten Diätversprechen ist groß: Iss die Hälfte, weniger Fett, wenig Kohlenhydrate, Kohlsuppe, nur Rohkost, viel Fleisch und Fett – und manches mehr. Viele haben all diese Rezepte schon ausprobiert. Mit dem Ergebnis: Die vermeintlichen Wunderdiäten halten häufig nicht, was sie versprechen. Sollte sich ein Erfolg einstellen, so ist der meist nur kurzzeitig, und der gefürchtete Jo-Jo-Effekt lässt das Gewicht schnell nach oben schnellen und bringt oftmals noch zusätzliche Pfunde. Was übrig bleibt sind Frust und der Wunsch: Beim nächsten Mal wird alles anders.

Diäten: Eine gute Idee?

Warum scheitern so viele Diäten? Ganz einfach: Die meisten von ihnen sind nur für kurze Zeit und nicht für den Alltag geeignet. Sie enthalten zu wenig Kalorien (unter 1200 pro Tag sind bedenklich und erzeugen Nährstoffmangel), außerdem sind sie zu einseitig in der Lebensmittel- und Nährstoffauswahl. Auf vieles, wie z. B. Süßes, müssen Sie verzichten und hungern, weil die Portionen kaum sättigen. Das hört sich wenig vielversprechend und schon gar nicht motivierend an. Vergessen Sie die einseitigen Diät-

wunder, mit denen die Kilos in kurzer Zeit nur so dahinschmelzen sollen. Auch Schlankheitspillen wirken, trotz diverser Versprechen, nicht im Schlaf. Erfolgreich abnehmen funktioniert nur mit einer langfristigen Ernährungsumstellung, wie sie Ihnen die VITAL-Diät bietet. So erreichen und halten Sie Ihr Wunschgewicht mit Genuss und guter Laune.

Stellen Sie Ihre Ernährung um

Wer sein Wunschgewicht erreichen und langfristig halten möchte, dem helfen keine Diäten, die auf Basis einiger weniger Lebensmittel zusammengestellt sind. Abnehmen bedeutet, das bisherige Ernährungsverhalten zu analysieren und zu verändern. Was heißt das im Einzelnen? Jeder Mensch hat einen individuellen Tagesablauf, der bestimmt wird von Beruf, Haushalt und Freizeitgestaltung sowie den damit einhergehenden speziellen Vorlieben beim Essen. All dies gilt es mit in die Umstellung einzubeziehen. Aber Vorsicht: Eine Ernährungsumstellung geht nicht von heute auf morgen. Es ist zunächst wichtig, sich über das eigene Essverhalten und über das, was eigentlich gegessen wird, bewusst zu werden. Abnehmen mit Verboten wie „Nie wieder Naschen" oder „Abends kein Essen" bringen nichts. Mit rigider Kontrolle scheitern Sie schon vor dem Start. Setzen Sie sich deshalb realistische Ziele. Fettpölsterchen schmelzen nur langsam, mit etwa einem Kilo Gewichtsverlust pro Woche liegen Sie genau richtig. Alles darüber hinaus bedeutet bloß Wasserverlust und einen Abbau der Muskelmasse. Deshalb ist nach Crash-Diäten das alte Gewicht sofort wieder da. Um dauerhaft abzunehmen, benötigen Sie eine Mischung aus ausgewogener Ernährung und körperlicher Aktivität. In diesem Buch erfahren Sie alles über gesundes Essen und die richtige Bewegung. Die vielen Rezepte für die leckeren und abwechslungsreichen Mahlzeiten können Sie nach Belieben kombinieren. Zudem ist alles einfach zuzubereiten und kann sogar mit ins Büro genommen werden.

Bin ich zu dick?

Normalgewichtig oder doch etwas darüber? Superschlank oder Wohlfühlgewicht? Wir zeigen Ihnen, wie Sie überflüssige Pfunde ohne Stress loswerden, denn Kalorienzählen ist out

Es gibt viele Tipps für eine schlanke Linie und gesunde Ernährung. Hier finden Sie endlich die richtigen, mit denen Sie Ihren Bedürfnissen ganz leicht nachkommen können. Wir möchten, dass Sie sich wohl in Ihrer Haut fühlen und selbstbewusster durchs Leben gehen. Von jetzt an geht es Schritt für Schritt zu Ihrem Idealgewicht.

Habe ich Übergewicht?

Was heißt eigentlich dick sein? Müssen Sie wirklich abnehmen und wie viel? Zunächst sollten Sie eine „Bestandsaufnahme" machen. Das heißt, dass Sie vorab Ihr Gewicht und Ihr Essverhalten überprüfen sollten. Ist Ihr Gewicht im Normalbereich, oder liegen Sie darüber? Das ist ganz einfach mit Hilfe der Grafik auf Seite 14 zu ermitteln. Hierbei geht es allerdings nicht um irgendwelche bevorzugten Mager-Modell-Maße, sondern um Ihren Body-Mass-Index, kurz BMI genannt.

Body-Mass-Index

Wenn es um die Beurteilung des Körpergewichts geht, ist der Body-Mass-Index (BMI) der entscheidende Faktor. Die Werte errechnen Sie, indem Sie Ihr Körpergewicht in Kilogramm durch Ihre Körpergröße in Metern zum Quadrat teilen. Zu kompliziert? Einfacher geht's, wenn Sie in unserer Grafik (Seite 14) ein Lineal bei dem Wert für Ihre Größe und Ihr Gewicht anlegen. Auf der mittleren Achse ist dann Ihr BMI abzulesen. Und das bedeuten die Werte:

➔**unter 19:** Das Gewicht ist zu niedrig. Sie haben Untergewicht. Der Körper wird nicht ausreichend mit allen wichtigen Nährstoffen versorgt, das führt zu Mangelerscheinungen und Antriebslosigkeit.

➔**19 bis 25:** Super, das Gewicht liegt im Normalbereich. Aus gesundheitlicher Sicht besteht für Sie kein Grund abzunehmen. Essen Sie weiterhin bewusst, abwechslungsreich und mit Genuss. Achten Sie auf genügend körperliche Aktivität. Es ist aber in Ordnung, wenn Sie zwei bis drei Kilo als „Schönheitskorrektur" abnehmen möchten.

➔**25 bis 30:** In diesem Bereich spricht man bereits von leichtem bis mittlerem Übergewicht. Das ist eigentlich kein Problem, wenn Sie gesund sind und sich fit fühlen. Wenn nicht, ist es nötig, das Gewicht um einige Kilos zu reduzieren, damit keine Folgekrankheiten entstehen und der Körper wieder fit und leistungsfähig wird.

➔**über 31:** Jetzt heißt es schnellstens handeln. Das Übergewicht hat bereits ein bedenkliches Maß angenommen. Mediziner sprechen hier von Adipositas (schwerem Übergewicht). Die Wahrscheinlichkeit, dass Krankheiten durch das zu hohe Gewicht auftreten, ist groß. In diesem Fall ist es sinnvoll, mit einem Arzt über die Möglichkeiten zur Gewichtsabnahme zu sprechen.

Sie können jetzt Ihren BMI einschätzen, aber wie steht es um Ihre Ernährung? Mit dem Schnelltest (siehe Kasten) sehen Sie, wie gesund Sie sich ernähren oder ob es vielleicht Verbesserungsmöglichkeiten gibt. Sollte das Ergebnis im grünen Bereich sein: herzlichen Glückwunsch! Mit Ihrer Ernährung ist alles okay. Sie sind vermutlich schlank und fühlen sich fit und energiegeladen. Viel Spaß mit unseren abwechslungsreichen Rezepten für Frühstück, Snacks, Mittag- und Abendessen. Falls nicht alles in Ordnung ist: kein Grund zum Verzweifeln. Wir zeigen Ihnen, welches Ihr persönliches Idealgewicht ist und mit welchen Lebensmitteln, Sie sich gesund satt essen dürfen.

Wie gesund esse ich?

Hier können Sie im Schnellverfahren testen, ob Sie sich gesund und ausgewogen ernähren. Kreuzen Sie an, welche dieser Aussagen auf Sie zutrifft.

- ○ Ich liebe Fast Food: Pizza, Hamburger und Chips.
- ○ Ein Apfel oder eine Birne am Tag reichen mir.
- ○ Für gute Laune brauche ich Schokolade.
- ○ Meine Devise: Wenn ich koche, dann muss es ruck, zuck gehen.
- ○ Fisch? Der gehört ins Meer und nicht auf den Teller.
- ○ Fleisch ist wichtig, damit ich satt werde.
- ○ Bier oder Wein – das muss täglich sein.
- ○ Was ich trinke, sollte möglichst immer gesüßt sein.
- ○ Vollkornbrot ist zwar gesund, schmeckt mir aber nicht.
- ○ Milch und Jogurt sind doch nur was für Kinder.

Auswertung

0 bis 3 Kreuze: Top! Sie ernähren sich gesund. Weiter so.

4 bis 6 Kreuze: Na ja, vorbildlich ernähren Sie sich nicht gerade.

7 bis 10 Kreuze: Auf keinen Fall so weitermachen. Beginnen Sie gleich mit unserer Ernährungsumstellung.

Überprüfen Sie Ihr Gewicht

Ob Sie normalgewichtig sind, entscheidet nicht nur die Waage, sondern der Body-Mass-Index (BMI)

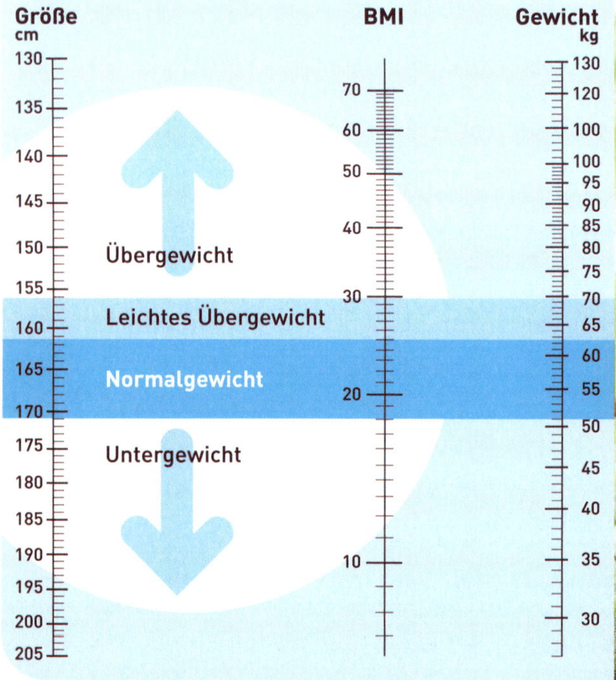

Der Ernährungscheck und die Feststellung Ihres BMI zeigen nun, ob Sie etwas übergewichtig sind oder Ihrem Wohlfühlgewicht nur ein paar Kilos mehr im Weg stehen. Diese überflüssigen Pfunde können Sie loswerden, denn zu viel Gewicht ist leider nicht ausschließlich ein Schönheitsfehler, sondern kann Ihre Gesundheit und Ihre Bewegungsfreiheit erheblich einschränken. Schon heute ist jede zweite Frau in Deutschland übergewichtig und deshalb total unzufrieden mit ihrer Figur. Tun Sie sich etwas Gutes, damit das nicht so bleibt: Essen Sie sich schlank!

Nicht nur ein Zipperlein

Viele Krankheiten lassen sich auf unausgewogene Ernährung, zu wenig Bewegung und somit entstehendes Übergewicht zurückführen. Auch die Deutsche Gesellschaft für Ernährung e.V. (DGE) warnt vor der stetig steigenden Zahl Übergewichtiger durch zu fetthaltige Speisen und zu große Portionen. Natürlich hat nicht jeder, der etwas mehr wiegt, zahlreiche Beschwerden, aber die Wahrscheinlichkeit, sie zu bekommen, ist deutlich erhöht. Die Lebensqualität wird vor allem stark durch die folgenden gesundheitlichen Störungen beeinträchtigt:

➔Herz-Kreislauf-Erkrankungen: Durch erhöhte Blutfett- und Cholesterinwerte verengen sich Arterien und Blutgefäße. Die Folgen können Bluthochdruck, Herzinfarkt und Schlaganfall sein.

➔Diabetes: Jedes Jahr steigt die Zahl derer, die an Diabetes Typ 2 erkranken. Der so genannte Altersdiabetes, Folge von erhöhtem Blutzucker, tritt mittlerweile auch bei übergewichtigen jüngeren Menschen und sogar Kindern auf.

➔Gelenkerkrankungen: Das Zuviel an Gewicht belastet mit der Zeit immer mehr die Knie- und Fußgelenke, Halswirbelsäule und den Rücken. Schmerzen und Beeinträchtigung der Beweglichkeit sind die Folgen.

Zu diesen messbaren Problemen kommen dann manchmal auch psychische hinzu. Wenn man sich nicht wohl fühlt, führt das in vielen Fällen zu einem geringen Selbstwertgefühl und zu Schwierigkeiten im Umgang mit Partner und Kollegen. Aber keine Sorge, mit dem Wunsch, Ihre Ernährung verantwortlich in die eigene Hand zu nehmen, können Sie dem entgegenwirken. Jeder Schritt, den Sie in diese Richtung gehen, ist hilfreich. Wie viel dürfen Sie jetzt aber essen und was benötigt Ihr Körper für seine Funktionen? Sie werden überrascht sein, denn es ist eine ganze Menge.

Energiebedarf

Jeder Mensch braucht Energie zum Leben. Für die Energiegewinnung benötigt der Körper Nahrung. Sie essen also, um laufen, atmen und denken zu können. Durch den Stoffwechsel wird Nahrung für den Körper nutzbar. Der tägliche Kalorien- beziehungsweise Energiebedarf setzt sich aus Grund- und Aktivitätsumsatz zusammen. Hinzu kommt der Verbrauch bei körperlicher Aktivität (Sport).

➔Grundumsatz: Das ist die Energiemenge, die der Körper in der Ruhestellung verbraucht. Er ist abhänigig von Alter, Geschlecht, Gewicht und Größe. Mit zunehmendem Alter verringert sich der Umsatz, was zur Gewichtszunahme bei unveränderter Lebensweise führen kann.

➔Aktivitätsumsatz: Das ist die Menge an Energie, die der Körper für jede Form von Bewegung benötigt. Dazu zählen der Beruf und die normale Freizeitaktivität. Je weniger Bewegung, z. B. bei einem Schreibtischjob, desto weniger Umsatz.

➔zusätzliche Aktivität: Sie umfasst die Energie, die der Körper für anstrengende Tätigkeiten – z. B. viel Sport – benötigt.

Wie viel darf ich essen?

Da die Energiezufuhr speziell berechnet werden muss, gibt es Richtwerte als Anhaltspunkte, an denen Sie sich orientieren können. Erwachsene mit Normalgewicht, leichter Tätigkeit und wenig anstrengender Freizeitaktivität haben einen Bedarf zwischen etwa 2000 und 3500 kcal pro Tag. Bei regelmäßigem Sport (maximal 4-mal pro Woche) erhöht sich der tägliche Bedarf zwischen 300 kcal und 500 kcal. Die Rezepte in diesem Buch enthalten alle eine Kalorienangabe. Dadurch bekommen Sie die Möglichkeit, einen Überblick über Ihre tägliche Energieaufnahme zu erlangen. Sicher ahnen Sie, warum das so wichtig ist. Nehmen Sie mit dem Essen mehr Energie auf, als Ihr Körper für alle Aktivitäten benötigt, wandelt er den Überschuss in Körperfett um – Fettzellen, die sich ansammeln.

Beispielhafter Energiebedarf

**Eine Frau von 30 Jahren ist 178 cm groß und wiegt 63 kg.
Sie geht einer leichten körperlichen Tätigkeit nach – überwiegend sitzend am Computer. Täglich geht Sie etwa 50 Minuten zu Fuß und einmal pro Woche 90 Minuten ins Fitnessstudio.**

Tages-Energieverbrauch

Grundumsatz		1420
Aktivitätsumsatz	+	426
Sport	+	562
am Tag		**2408**

Ran an den Speck

Abnehmen ist zum Glück keine unlösbare Aufgabe! Damit Sie erfolgreich sind, sollten Sie aber Folgendes wissen: Um abzunehmen, müssen Sie essen, und das möglichst vielseitig. Klingt ein bisschen paradox, ist es aber nicht. Wenn Sie über einen längeren Zeitraum hungern oder sich nie satt essen, schaltet der Körper automatisch auf „Sparflamme". Das heißt: Um seine notwendige Versorgung zu gewährleisten, drosselt der Körper den Stoffwechsel. Ihm fehlen wichtige Nährstoffe, also haushaltet er mit denen, die er bekommt. Hungern Sie, passiert genau das Gegenteil von dem, was Sie erreichen möchten. Mal ganz davon abgesehen, dass Hungern keinen Spaß macht. Lang anhaltende geringe Energiezufuhr durch sehr kalorienarme Diäten senkt den Grundumsatz. Das macht das Abnehmen schwieriger, und es ist noch viel mehr körperliche Aktivität zur Fettverbrennung notwendig. Bei leicht erhöhter Kalorienzufuhr geht das Gewicht deshalb ganz schnell wieder rauf, denn der Stoffwechsel hat sich noch nicht umgestellt. Bekannte Folge: Der Jo-Jo-Effekt.

Wichtige Grundregel: Satt essen

Das Gute beim erfolgreichen Abnehmen ist, dass Sie sich mit den passenden Lebensmitteln so richtig satt essen dürfen. Kaum zu glauben, aber wahr! Gut kombinierte Lebensmittel versprechen nicht nur Genuss, sondern das überflüssige Gewicht verschwindet relativ einfach und mit der VITAL-Ernährungsumstellung halten Sie auch lange durch. Der Grund: Sie können Ihr Leben genießen und müssen sich zum Abnehmen keine „Auszeit" nehmen. Essen mit Freunden, Geschäftspartnern oder während des Urlaubs – kein Problem mehr! Alles passt sich perfekt in Ihren Lebensrhythmus ein, und Sie müssen sich nicht verbiegen. Welche Lebensmittel ideal zum Schlankwerden sind, lesen Sie im folgenden Kapitel. Sie machen sich trotz unseres Versprechens, dass Sie sich satt essen dürfen, Gedanken über Heißhungerattacken? Wir können Sie beruhigen. Mit dieser Ernährungsumstellung gibt es keinen Heißhunger mehr, denn Sie sind lang anhaltend satt. Falls Sie aber dennoch mal Gelüste haben: Es ist nichts verboten. Sie können auch weiterhin Schokolade oder Kuchen essen. Natürlich kommt es auf die entsprechende Menge und Häufigkeit an. Ab und zu dürfen Sie mal naschen, das gehört zum Leben einfach dazu. Genießen Sie dann aber ganz bewusst und essen Sie Süßes nicht gedankenlos einfach nur so im Vorbeigehen.

Lebensmittel

Essen Sie sich schlank und glücklich. Klug ausgewählte und kombinierte Lebensmittel versprechen den maximalen Genuss. Kommen Sie auf den Geschmack

Lebensmittel mit dem gewissen Extra haben den eingebauten Wohlfühlfaktor und halten schlank und fit. Sie liefern dem Körper alle Vitamine, Mineralstoffe sowie Spurenelemente, die er braucht, und sorgen dafür, dass Sie gesund und effektiv abnehmen. Die falsche Lebensmittelauswahl – zu viel Süßes und Fettes – hingegen macht das Schlankwerden schwerer. Dabei ist es eigentlich ganz einfach, sich ausgewogen zu ernähren. Und das Beste daran ist: Eine gesunde Ernährung bedeutet nicht zwangsläufig Verzicht.

Sie haben die Wahl

Eigentlich weiß jeder intuitiv, welches die richtigen Lebensmittel für eine gesunde Ernährung sind. Häufig haben wir nur verlernt, unser Wissen auch zu nutzen. Und das Warenangebot im Supermarkt ist zu jeder Zeit so riesig, dass die Entscheidungen immer schwieriger werden. Wie viele Produkte kaufen Sie mit einem schlechten Gewissen oder lassen Sie aus Figurgründen gleich ganz im Regal? Die Lebensmittel-Pyramide auf Seite 19 zeigt Ihnen genau, bei welchen Dingen Sie ohne schlechtes Gewissen zugreifen können und welche Sie wirklich besser stehen lassen sollten. Die Pyramide ist in drei Bereiche eingeteilt:

➔ **Nur in kleinen Mengen:** Hier finden Sie alle Lebensmittel, die viel Fett und Zucker enthalten. Diese Produkte liefern im Vergleich dazu aber kaum verwertbare wichtige Nährstoffe. Sie sind die eigentlichen Dickmacher. Diese Leckereien müssen Sie zwar nicht komplett von Ihrem Einkaufszettel streichen, aber sie sollten nur noch vereinzelt auf Ihrem Speiseplan auftauchen.

➔In Maßen: In dieser Gruppe sind Lebensmittel enthalten, die Ihrem Körper wertvolle Nährstoffe wie fettlösliche Vitamine und Mineralstoffe liefern. Es genügt aber, wenn Sie nur in kleinen Mengen in den Speiseplan eingebaut werden. Zwei- bis dreimal Fleisch und Fisch in der Woche sind völlig ausreichend. Achten Sie vor allem auf die fettarmen Varianten.

➔So viel Sie wollen: Jetzt heißt es richtig satt essen. Die Lebensmittel in dieser Gruppe liefern viele Vitamine, Mineralstoffe, pflanzliches Eiweiß und komplexe Kohlenhydrate. Mit diesen Produkten können Sie ganze Tage bestreiten, ohne dass Sie etwas vermissen werden. Ihr Speiseplan sollte zu mehr als zwei Dritteln Lebensmittel aus dieser Gruppe enthalten.

Obst und Gemüse sind die besten Schlankmacher, die es gibt. Aber wie viel ist nötig und wie viel ist möglich?

Tipps zum Einkaufen

- **➔Achten Sie auf einen niedrigen Fettgehalt bei Lebensmitteln wie Milchprodukte (Käse, Jogurt) und Fleisch sowie Wurstwaren.**
- **➔Kaufen Sie möglichst frisches Obst und Gemüse der Saison, am besten aus der Region.**
- **➔Schauen Sie bei Säften und anderen Getränken auf die Inhaltstoffe und meiden Sie gesüßte Produkte.**
- **➔Achten Sie auf pflanzliche Fette und hochwertige, kaltgepresste Öle.**

Viel Grünzeug

Insgesamt sollten Sie über den Tag verteilt fünf Portionen Obst und Gemüse à 200 g (das entspricht einer Hand voll) essen. Unser Tipp: Es muss nicht alles roh sein. Rohkost ist zum Abnehmen zwar ideal, weil sie lange sättigt, aber Suppen und ein Glas ungesüßter Saft bringen die notwendige Abwechslung in Ihren Speiseplan. Spielend decken Sie so Ihren Tagesbedarf an Vitaminen, Mineralstoffen und sekundären Pflanzenstoffen.

Biologisch wertvoll

Jedes Essen ist nur so gut und gesund wie die Zutaten, mit denen es zubereitet wurde. Deswegen müssen Sie nicht ausschließlich im Bioladen einkaufen, aber Gemüse sollte nicht erst um die ganze Welt fliegen, um in Ihrem Kochtopf zu landen. Saisonale, einheimische Produkte sind häufig gehaltvoller, weil der Weg vom Feld auf den Tisch kurz ist und so nur wenig Vitalstoffe verloren gehen. Außerdem werden Obst und Gemüse hierzulande erst geerntet, wenn sie reif sind. Auf Grund einer strengeren Gesetzeslage sind inzwischen auch im konventionellen Anbau weniger Rückstände in den Früchten enthalten. Wer aber nach den vergangenen Lebensmittelskandalen ganz sichergehen möchte, der kauft Obst und Gemüse aus biologisch-dynamischem oder integriertem Anbau. Immer mehr Bio-Landwirte bieten so genannte Bio-Kisten an, die einfach direkt bis vor Ihre Haustür geliefert werden. Aber auch in Supermärkten finden Sie bereits jetzt schon eine große Auswahl an Bio-Lebensmitteln.

Lebensmittel-Pyramide

Raus aus der Ernährungsfalle. Hier sehen Sie an der Spitze die Dickmacher und an der Basis, was Sie gesund hält.

- ➜①**Nur in kleinen Mengen:** Süßigkeiten, Weißmehlprodukte und Alkohol sollten die Ausnahme sein. Fette und Salz sollten Sie täglich nur in kleinen Mengen verzehren.
- ➜②**In Maßen:** Fettarme Milchprodukte, mageres Fleisch, Fisch, Eier und Nüsse – von diesen Lebensmitteln können Sie täglich essen, aber sie sollten nicht den Hauptanteil ausmachen.
- ➜③**So viel Sie wollen:** Vollkornprodukte, Hülsenfrüchte, Salat, Obst und Gemüse sollten 80 Prozent des Essens ausmachen.

Fertigprodukte

Fertiggerichte versprechen schnelle Zubereitung, lange Haltbarkeit und guten Geschmack. Dafür sorgen Geschmacksverstärker, Konservierungsstoffe, Zucker viel Fett und andere Hilfsmittel. Wenn Sie gesund abnehmen wollen, sollten Sie ab sofort beim Einkauf auf die Zutatenlisten der angebotenen Lebensmittel achten. Die am meisten enthaltenen Zutaten stehen ganz oben auf der Liste. Natürlich können Sie auch weiterhin Zeit sparen, wenn Sie ab und zu Gemüse oder Obst portioniert tiefgefroren kaufen. Es sollte allerdings nicht in Sahne- oder Käsesoße schwimmen. Grundsätzlich gilt: Je unveränderter und natürlicher die Lebensmittel, desto besser.

Schlanker Genuss

Essen ist keine Nebensache. Es ist vor allem Genuss, fördert die Kommunikation und dient Ihrer Gesundheit. Fast-Food ist nie gesund und fast immer kalorienreich. Legen Sie deshalb wert auf die Qualität Ihrer Nahrungsmittel. Mal ein Fertigprodukt oder Pommes schaden nicht, wenn Sie sich sonst ausgewogen ernähren. Wenden Sie am besten unsere Ernährungs-Pyramide an. Sie werden staunen, wie schnell Sie sich umstellen können. Bereits nach kurzer Zeit purzeln Ihre Pfunde!

Schlank werden ist einfach. Mit unseren Rezepten finden Sie einen leichten Einstieg in unkomplizierte Gerichte ohne Fertigmischungen.

Die 15 wichtigsten Lebensmittel

Hier sind die absoluten Fitmacher-Lebensmittel, die Sie möglichst häufig in Ihren Speiseplan einbauen sollten. Sie sind alle vitalstoffreich und versorgen Sie beim Schlankwerden mit allen notwendigen Nährstoffen. So bleiben Sie auch während der VITAL-Diät leistungsfähig und voller Power.

Nüsse

Knackige Muntermacher. Nüsse enthalten viel Vitamin E und B. Diese steuern Zellen, Blutgefäße und Nerven und sorgen so für gute Stimmung, Gelassenheit und einen aktiven Kreislauf. Energiekick für Zwischendurch.

Linsen

Kleine Kraftpakete. Sie enthalten viel pflanzliches Eiweiß und Ballaststoffe. Dank des hohen Gehaltes von Vitamin B, Magnesium und Eisen liefern sie dem Gehirn Energie, wirken gegen Stress und fördern die Blutbildung.

Lachs

Eine zarte Herzensangelegenheit. Ungesättige Omega-3-Fettsäuren halten die Blutgefäße elastisch und senken den Cholesterinspiegel. Dank Vitamin A, D und E stärkt er die körpereigenen Abwehrkräfte.

Soja

Volle Power. Hier gibt es hochwertiges pflanzliches Eiweiß und essentielle Aminosäuren. Diese lang anhaltende Energiequelle stärkt mit Kalzium die Knochen. Für Vegetarierer der ideale Fleischersatz.

Tomaten

Sonnengereift. Diese Muntermacher schützen durch Lycopin vor freien Radikalen und lassen die Haut strahlen. Kalorienarm und ballaststoffreich regen sie die Verdauung an. Folsäure macht fit und aktiv.

Reis

Perfekt für die Figur. Eine große Portion an Nervenvitaminen B1 und B6 liefert reichlich Power. Zink und Kalium stärken Haare, Nägel, Knochen und Muskeln. Extra-Plus: Reis entwässert sanft den Körper.

Äpfel

Apfelbäckchen bringen rundherum Gesundheit. Vitamine (C und B) und Mineralstoffe (Magnesium und Kalium) stärken das Immunsystem. Schlankmacher: Fruchtsäuren und niedriger Kaloriengehalt.

Brot

Kernig. Vollkornbrot ist ein Sattmacher und enthält wichtige Ballaststoffe, B-Vitamine und Magnesium. Es stärkt die Abwehrkräfte und kräftigt die Muskeln. Das volle Korn erhöht Ausdauer und Leistungsfähigkeit.

Chili

Scharfe Einheizer. Capsaicin setzt Glückshormone (Endorphine) frei, fördert die Durchblutung und die Verdauung. Es senkt den Blutzuckerspiegel und erhöht die Fettverbrennung. Schwungvoll und motiviert abnehmen.

Honig

Königliches Naturprodukt. Aromareich enthält er viele Mineralstoffe und Enzyme. Kaltgeschleudert fördert er den Stoffwechsel und wirkt antibiotisch. Eine süße Versuchung, die in kleinen Dosen für gute Stimmung sorgt.

Ingwer

Asiatische Heilwurzel, die reich an Bitterstoffen und ätherischen Ölen ist, Entzündungen heilt, Magen und Darm beruhigt und den Stoffwechsel in Schwung bringt. Ingwer, mit heißem Wasser überbrüht, entwässert den Körper.

Spargel

Weiß oder grün ein ideales Leichtgewicht. Reich an Aspargin und Mineralstoffen wie Kalium und Magnesium, entwässert er den Körper und wirkt stoffwechselanregend. Kalorienarm fördert er die Fettverbrennung.

Spinat

Starke Abwehr. Zarte Blätter mit Vitamin C und E schützen das Immunsystem. Sekundäre Pflanzenstoffe und Karotinoide fördern den Zellaufbau. Kalium und Eisen wirken entwässernd und blutbildend.

Erdbeere

Süße Verführer, die sehr kalorienarm sind. Neben Vitamin C enthalten sie reichlich Folsäure und Eisen. Garantie für eine gute Sauerstoffversorgung im Blut. Aktiv und frisch für mehr Leichtigkeit.

Schlank mit GLYX

Mit der VITAL-Diät abnehmen, gute Laune tanken, genießen und topfit sein. Der glykämische Index macht's leicht: Die richtigen Lebensmittel, kombiniert mit mehr Bewegung, bringen den Stoffwechsel auf Touren

Meist nimmt man nach einer Diät das abgenommene Gewicht genauso schnell wieder zu. Mit der VITAL-Diät passiert Ihnen das nicht, denn Sie können erfolgreich abnehmen, das Gewicht langfristig halten und sich dabei rundum wohl fühlen. Wie das geht? Konsequent Fett sparen und die richtigen Kohlenhydrate essen. Um dauerhaft abzunehmen, ist es wichtig, Lebensmittel geschickt zu kombinieren, damit der Genuss bleibt und die ungewollten Kilos wegbleiben. Das Wichtigste beim Abnehmen ist es, satt zu sein. Und schmecken muss es. Es hat also keinen Zweck, Lebensmittel, die man nicht mag, zu essen, nur weil sie im Rezept stehen. Ersetzen Sie diese einfach durch Zutaten mit ähnlichen Inhaltsstoffen – schon macht Abnehmen Spaß und glücklich. Es ist ganz einfach, man muss nur wissen, wo die GLYX-Fallen sind, wie Sie diese umgehen und welche Lebensmittel den Fettstoffwechsel im Körper anregen. Dann nur noch etwas mehr Bewegung, das kurbelt ebenfalls den Stoffwechsel an und hebt die Stimmung.

Was ist der GLYX?

GLYX ist die Abkürzung für glykämischer Index. Man könnte ihn als eine Formel bezeichnen, um Lebensmittel in die Kategorien „geeignet" oder „ungeeignet" zum Abnehmen einzuteilen. Der GLYX ist genauer als Kalorienangaben, denn er zeigt an, wie stark ein Nahrungsmittel Blutzucker und Insulinproduktion beeinflusst.

Vor mehr als 30 Jahren führte man an der Universität von Toronto zahlreiche Untersuchungen durch, um Lebensmittel nicht mehr nach Kalorien, sondern nach ihrem glykämischen Index zu beurteilen.

Essen nach dem GLYX

- ➔ Lebensmittel mit niedrigem GLYX steigern die Fettverbrennung und halten den Blutzucker konstant, was vor Diabetes schützt. Die Blutfettwerte sinken, das ist wichtig für ein gesundes Herz.
- ➔ Mindestens dreimal täglich eine große Portion Obst und Gemüse essen (siehe Tabelle).
- ➔ Magerer Fisch und Geflügel liefern hochwertiges Eiweiß und wenig Fett. Öle mit wertvollen Fettsäuren, z. B. Oliven- oder Nussöl, verwenden.

Dort ließ man Testpersonen verschiedene Lebensmittel essen und bestimmte anschließend ihren Blutzuckerspiegel. Entscheidend ist dabei, wie schnell die Kohlenhydrate gespalten werden und ins Blut gelangen. Heraus kamen Basiswerte für den heute so aktuellen GLYX-Index. Alle getesteten Lebensmittel (Obst, Gemüse, Milchprodukte, Brot, Süßigkeiten etc.) bekamen einen Wert zwischen 1 und 100. Je höher der Wert, umso stärker der Anstieg des Blutzuckers. Steigt der Blutzuckerspiegel durch ein Lebensmittel schnell und hoch an, macht das, kurz gesagt, dick.

So kommt der große Hunger

Lebensmittel mit hohem glykämischem Index (siehe Tabelle nächste Seite) werden relativ schnell in Glukose und Fruktose gespalten und gelangen rasch ins Blut. Dem Gehirn wird signalisiert, dass der Blutzucker schnell und stark angestiegen ist. Dementsprechend wird sehr viel Insulin, ein Hormon der Bauchspeicheldrüse, ausgeschüttet, um den Zucker aus dem Blut abzutransportieren. Danach fällt der Blutzucker stark ab, Heißhunger entsteht, und schon beginnt der Teufelskreis. Denn der Hunger stellt sich schnell und heftig ein. Meist ist dann der Appetit auf Süßes am größten. Wer also viele Lebensmittel mit hohem GLYX-Index isst, überflutet seinen Körper mit Zucker. Die Zellen sind überfordert und blockiert, so viel Zucker zu verbrennen. Also wird noch mehr Insulin ausgeschüttet, um den Zucker aus dem Blut zu transportieren. Als Nächstes wird der Zucker in Fett umgewandelt und wandert in die Depots. Und wird noch mehr Insulin produziert, so kommt es zu einer Insulinresistenz – die Vorstufe zum Diabetes.

Anders bei Lebensmitteln mit niedrigem GLYX (siehe Tabelle). Diese halten den Blutzucker konstant, das bedeutet, sie lösen keine übermäßige Insulinreaktion

GLYX-Tabelle

niedriger GLYX ● **mittlerer GLYX** ● **hoher GLYX** ●

Lebensmittel mit niedrigem GLYX sind optimal zum Abnehmen. Davon darf man während einer Diät viel essen. Vorsicht bei hohem GLYX – am besten meiden.

➜Brot und Backwaren

Lebensmittel	GLYX
Biskuits	hoch
Brezel	hoch
Croissant	hoch
Mischbrot	mittel
Pitabrot	mittel
Pizzabrot	mittel
Pumpernickel	niedrig
Reiscracker	mittel
Roggenbrot, Sauerteig	niedrig
Tacoschalen	mittel
Vollkornknäckebrot	mittel
Vollkornschrotbrot	niedrig
Weißbrot (Baguette)	hoch

➜Müsli und Getreide

Lebensmittel	GLYX
Basmati-Reis	mittel
Buchweizen	mittel
Cornflakes	hoch
Couscous	mittel
Frischkornbrei	niedrig
Getreide, geschrotet	niedrig
Haferflocken	niedrig
Müsli mit Zucker	hoch
Vollkornmüsli o. Zucker	niedrig
Vollkorn-/Naturreis	niedrig
Weißer Grieß	mittel
Weizen	niedrig

➜Kartoffeln und Teigwaren

Lebensmittel	GLYX
Bratkartoffeln	hoch
Glasnudeln	niedrig
Gnocchi	mittel
Kartoffelchips	hoch
Kartoffelpüree	hoch
Hartweizennudeln	niedrig
Pellkartoffeln	mittel
Pommes frites	hoch
Vollkornteigwaren	niedrig

➜Obst

Lebensmittel	GLYX
Apfel	niedrig
Aprikose	mittel
Banane, reif	hoch
Beeren	niedrig
Birne	niedrig
Dosenfrüchte	mittel
Feigen	niedrig
Grapefruit	niedrig
Honigmelone	mittel
Kirschen	niedrig
Kiwi	mittel
Mango	mittel
Orange	niedrig
Pfirsich	niedrig
Pflaumen	niedrig
Rosinen	mittel
Trauben	mittel
Wassermelone	hoch

➜Gemüse und Hülsenfrüchte

Lebensmittel	GLYX
Auberginen	niedrig
Avocados	niedrig
Blattsalate	niedrig
Bohnen, rote und weiße	niedrig
Brokkoli	niedrig
Gemüsemais	mittel
Grüne Bohnen	niedrig
Gurken	niedrig
Möhren, gekocht	hoch
Möhren, roh	niedrig
Kohlgemüse	niedrig
Kürbis	hoch
Linsen	niedrig
Paprika	niedrig
Rote Bete	mittel
Sellerie	niedrig
Spinat	niedrig
Süßkartoffel	hoch
Tomate	niedrig
Zucchini	niedrig
Zuckermais	mittel
Zwiebel	niedrig

➜Zucker und Süßes

Lebensmittel	GLYX
Bitterschokolade (70 % Kakaoanteil)	niedrig
Eiscreme	hoch
Fruchtaufstrich	mittel
Fruchtgummi	hoch
Honig	mittel
Kekse	hoch
Müsliriegel	mittel
Popcorn	mittel
Schokolade	hoch

➜Milch und Käse

Lebensmittel	GLYX
Dickmilch	niedrig
Fruchtjogurt	mittel
Naturjogurt	niedrig
Käsesorten	niedrig
Kefir	niedrig
Probiotische Milch	mittel

➜Getränke

Lebensmittel	GLYX
Ananassaft	mittel
Apfelsaft	mittel
Apfelschorle (1:3)	niedrig
Bier	hoch
Cola, Limo	hoch
Kaffee, Tee o. Zucker	niedrig
Obstsaft, frisch gepresst	mittel

aus, die den Fettabbau blockiert. Wird nur wenig Insulin ausgeschüttet, hält das lange satt, man bleibt leistungsfähig und wird so dauerhaft schlank.

Natürlich währt am längsten

Kohlenhydrate sind also weder Dickmacher noch die Geheimwaffe zum Schlankwerden. Spätestens seit dem GLYX muss man Kohlenhydrate differenziert betrachten. Egal ob als Fruchtzucker aus dem Apfel, als Milchzucker aus der Milch, als Stärke aus der Kartoffel oder als Haushaltszucker aus der Tüte – Kohlenhydrate aus dem Essen werden im Mund, im Darm, in der Leber zu Glukose (Traubenzucker) gespalten. Diese gelangt dann ins Blut. Aber: Raffinierte (industriell verarbeitete) Kohlenhydrate aus Zucker und Weißmehl werden besonders schnell zu Glukosemolekülen gespalten, ins Blut transportiert und lösen dann Heißhungerattacken aus. Natürliche Kohlenhydrate, z. B. aus Vollkornbrot, Obst oder Gemüse, werden ganz langsam aus ihren Verbindungen freigesetzt und regen gleichzeitig durch die mitgelieferten Vitalstoffe die Fettverbrennung an. Und die unverdaulichen Ballaststoffe bremsen außerdem den Hunger

Das Richtige essen und abnehmen

Je weniger ein Lebensmittel den Zuckerspiegel in die Höhe treibt, je weniger Insulin angefordert wird, desto niedriger ist auch der GLYX-Wert und umso besser eignet sich das Lebensmittel zum Abnehmen. Die Tabelle links gibt einen Überblick, welche Lebensmittel sich für eine Diät eignen und welche man besser nur sparsam verwenden sollte. Überraschend dabei ist, dass zum Beispiel gekochte Möhren, verarbeitete Kartoffeln oder reife Bananen nicht so gut abschneiden. Der Grund: Ein Großteil der Kohlenhydrate liegt bereits als Zucker umgewandelt vor. Das heißt aber keinesfalls, dass Möhren oder Kartoffeln von jetzt ab vom Speisezettel verschwinden sollten. Aber am besten sind sie, wie alle Nahrungsmittel, so natürlich wie möglich. Kartoffeln also mit Schale gekocht und Möhren als Rohkost geknabbert. Dafür haben fett- und eiweißreiche Lebensmittel wie Fisch, Fleisch und Milchprodukte sehr niedrige GLYX-Werte. Ungesalzene Nüsse und hochwertige Öle liefern zwar viele Kalorien, aber auch wertvolle Inhaltsstoffe. Deshalb sind sie in kleinen Mengen verwendet sehr wichtig für gesundes Abnehmen.

Der Mix macht's

Wer Kohlenhydrate und mageres Eiweiß kombiniert, macht es richtig: Reis mit Geflügel, Pasta mit Scampi, Vollkornbrot und Käse – jedes ein Diät-Turbo, das die gute Laune gleich mitliefert. Denn: Um Nahrungseiweiß in Körpereiweiß umzuwandeln, braucht der Körper zusätzliche Energie, und die holt er sich aus den Fettdepots. Eiweiß ist also ein natürlicher Fatburner. Und es liefert die Aminosäure L-Tryptophan, die in Verbindung mit Kohlenhydraten im Gehirn zu Serotonin, einem Glücksbotenstoff, umgewandelt wird.

Vorsicht, Fett!

Es gab eine Zeit, in der es hieß: Nur Fett macht fett! Die Nahrungsmittelindustrie entwickelte jede Menge Low-Fat-Lebensmittel: fettreduzierte Margarine, Käse- und Wurstsorten, sogar Kartoffelchips wurden entfettet. Endlich sollte man Chips essen können und dabei nicht zunehmen. So einfach ist es aber nicht. Erstens verändert sich das Bewusstsein der Menschen für gesunde und weniger gesunde Lebensmittel nicht, zweitens muss man auch Fette unterscheiden.

Gute und schlechte Fette

Klar ist, Fett liefert mehr Kalorien als Eiweiß oder Kohlenhydrate: 1 g Fett liefert nämlich 9 kcal, während in 1 g Eiweiß oder Kohlenhydrate nur 4 kcal stecken. Es gibt aber „gute" und „schlechte" Fette. Die „schlechten" sind tierische Fette mit überwiegend gesättigten Fettsäuren, die chemisch gesehen den körpereigenen Fettpolstern ähnlich sind und sich gerne direkt dazu gesellen. Dazu gehören Braten, Wurst, Butter und Fett aus Fertigprodukten. Die „guten" liefern überwiegend ungesättigte Fettsäuren, sind aktiv im Körper tätig, wirken positiv auf die Nervenstrukturen und so auf alle Sinnesorgane, machen die Zellwände geschmeidig und bremsen den Alterungsprozess. Sie liefern das Zellschutz-Vitamin E, das vor freien Radikalen schützt und so das Immunsystem stärkt. Und – wichtig beim Abnehmen – sie senken den Insulinspiegel und regen den Fettstoffwechsel an. „Gutes" Fett kommt vor allem in hochwertigen Pflanzenölen, Nüssen, Samen und fettem Seefisch (Lachs, Makrele, Hering) vor.

Wie entsteht „Hüftgold"?

Wenn Mokka-Sahne-Torte zum Kaffee serviert wird, kommt „reines Hüftgold" auf den Tisch. Auch Marzipan-Trüffel oder Tiramisu müssen mit diesem Image leben. Leider sind sie wirklich nicht besonders geeignet, wenn Fettreserven abgebaut werden sollen. Körperfett ist eigentlich ein Schutz vor Kälte und Stößen, für stillende Mütter und für Menschen in Notsituationen die eiserne Reserve. Dann kann aus körpereigenem Fett in einem eher umständlichen Vorgang wieder Energie gewonnen werden. Genauso umständlich ist es, überschüssiges Körperfett loszuwerden. Grundsätzlich gilt: Wer mehr isst, als er verbraucht, nimmt zu. Wer besonders fettreich isst, macht es dem Stoffwechsel noch leichter, direkt Fettdepots zu bilden. Denn zur Energiegewinnung werden in erster Linie Kohlenhydrate herangezogen, da diese im Verdauungstrakt schneller und unkomplizierter abgebaut werden können. Erst wenn alle Kohlenhydrate, auch aus den Speichern, verbraucht sind und dann noch Bedarf ist, wird Fett so umgewandelt, dass daraus Energie gewonnen werden kann. Aber auch überschüssige Kohlenhydrate werden zu Körperfett umgewandelt und landen auf den Hüften, an Bauch oder Po. Jeder Mensch hat im Schnitt 20 Milliarden Fettzellen. Diese können sich auch noch im Erwachsenenalter um ein Vielfaches vermehren – und sie können sich außerdem extrem ausdehnen: Aus einem Stecknadelkopf wird bei Bedarf ein Golfball.

Fett sparen

Wer wirklich effektiv und langfristig abnehmen will, muss Fett sparen. Besonders versteckte Fette sollte man vermeiden. Meist sind dies tierische, „schlechte" Fette, die man nicht bewusst zu sich nimmt. Gemeint sind Fette in Wurst- oder Käsesorten, in Torten, Gebäck und Schokolade, in Chips oder Pommes frites. Aber auch bei der Zubereitung von Rezepten lässt sich Fett sparen und öfter das richtige einsetzen.

➔**Dressing** für Salate und Rohkost am besten mit hochwertigen, kaltgepressten Ölen, z. B Oliven- Raps- oder Nussöle, zubereiten. Weizenkeimöl ist ein Spitzen-Lieferant für Vitamin E. Aber alles nur in kleinen Mengen. Wer gerne viel Salatsoße mag, kann ein Dressing mit Brühe oder Jogurt verlängern, ohne dass es an Geschmack verliert. Tipp: Auch Pesto kann mit Brühe einiges an Kalorienpotential verlieren.

➔**Braten** in der Pfanne ist am besten mit Oliven- oder Rapsöl, da diese nur einfach ungesättigte Fettsäuren haben und sich deshalb gut erhitzen lassen. Fettarme und sehr aromatische Garmethoden: Gemüse in wenig Öl andünsten und mit wenig Wasser oder Brühe zu Ende garen. Fisch bzw. Geflügel wird sehr zart, wenn es auf einem Gemüsebett gedämpft wird.

➔**Brotaufstriche** müssen nicht fett sein. Magerquark mit Mineralwasser aufgeschlagen, ersetzt den Doppelrahmfrischkäse. Senf oder Tomatenmark unter Wurst oder Käse ersetzen Butter oder Margarine und liefern viel Geschmack. Selbstgemachte Dips aus Gemüse, Kräutern, Quark oder Nüssen sind extrem fettarm und sorgen für reichlich Abwechslung.

➔**Snacks** müssen nicht mit Schokolade überzogen sein. Ein paar Trockenfrüchte stillen den Süßhunger, Nüsse, Sonnenblumen- oder Kürbiskerne liefern hochwertige Fettsäuren. Leider auch viele Kalorien, deshalb nicht mehr als 20 g täglich davon knabbern.

Wie viel Fett ist in ...

➔Geflügelwurst, mager	5 g/100 g
➔Salami	33 g/100 g
➔Hähnchenbrust o. Haut	1,5 g/100 g
➔Gans	31 g/100 g
➔Schafskäse (Feta)	16 g/100 g
➔Bergkäse (45 % Fett)	30 g/100 g
➔Schlagsahne	32 g/100 g
➔Fruchtaufstrich/Honig	0 g/100 g
➔Nutella	30 g/100 g
➔Magnum-Eis (1 Stück)	20 g/100 g
➔Vollmilchschokolade	36 g/100 g
➔Kartoffelchips	39 g/100 g

➔**Fleisch und Wurst** liefern viel Eiweiß, aber oft auch viel Fett. Deshalb lieber magere Sorten wählen: geräucherten Schinken ohne Fettrand, Geflügelwurst, Puten- oder Hähnchenbrust.

➔**Milch, Milchprodukte und Käse** gibt's in verschiedenen Fettstufen. Milch und Milchprodukte mit 1,5 % Fett liefern bei reduziertem Fettgehalt die volle Ladung an Vitalstoffen, wie zum Beispiel Kalzium. Bei Käse daran denken, dass sich die Fettangaben auf die Trockenmasse bezieht. So hat ein Parmesan mit 45 % Fett i. Tr. viel mehr tatsächliches Fett als ein Brie mit gleicher Fettstufe. Während der Diät auf Käse mit 30 % Fett i. Tr. zurückgreifen, z. B. Camembert, Gouda, Edamer oder Feta und Mozzarella.

Das Abnehm-Trio

Richtig essen ist jetzt leichter geworden. Nun fehlt nur noch der letzte Kick, um den Stoffwechsel neu anzukurbeln und die Pfunde auf den richtigen Weg zu bringen: mit Bewegung, viel Trinken und ein paar Tricks

Genauso wichtig wie eine vollwertige, bewusste Ernährung mit wenig Fett und den richtigen Kohlenhydraten sind drei weitere Säulen für eine erfolgreiche Diät: Reichlich und das Richtige trinken, mehr Bewegung und ein paar Psycho-Tricks, mit denen das Abnehmen leichter fällt.

Wasser marsch!

Der menschliche Körper besteht zu 60 Prozent aus Wasser, und jeden Tag gehen ca. 2,5 Liter Flüssigkeit durch Schwitzen, Atmen etc. verloren. Deshalb ist tägliches Auftanken extrem wichtig, denn nur dann kann Wasser seine vielen lebenswichtigen Aufgaben erfüllen: Leber, Niere und Darm werden durchspült, so reinigt es den Körper von Giften oder Schadstoffen. Wasser hält das Blut flüssig und macht den Menschen erst leistungsfähig. Wer zu wenig trinkt, wird müde und unkonzentriert. Wasser hält die Haut elastisch, macht das Bindegewebe straff und beugt so Cellulite vor. Um alle Körperzellen optimal mit Wasser zu versorgen, müssen Sie mindestens drei Liter Flüssigkeit pro Tag trinken. Denn Studien haben ergeben: Wer nicht genug trinkt, drosselt seinen Stoffwechsel um zwei bis drei Prozent. Das führt dazu, dass der Körper mehr Fett einlagert. Wer abnimmt, muss besonders viel trinken, sonst übersäuert der Körper. Das heißt: Zum Abbau von Fettdepots kommen die Fettsäuren ins Blut, dort müssen sie neutralisiert werden, um abtransportiert werden zu können.

Was darf's zu trinken sein?

Mineralwasser ist sicherlich das Diät-Getränk Nummer eins. Es liefert null

Wie viel Kalorien verbrenne ich …?

➔Langsames Joggen	45 min/450 kcal	1 St. Nusskuchen
➔Inlineskaten/ Schwimmen	45 min/309 kcal	1 Portion Pommes
➔Aerobic/ Salsatanzen	45 min/291 kcal	1 kl. Stück Torte
➔Walken (6 km/h)	45 min/225 kcal	50 g Schokolade
➔Radfahren (ca. 15 km/h)	45 min/181 kcal	1 Butter-Croissant
➔Yoga/ Pilates	45 min/158 kcal	25 Gummibärchen
➔Spazieren-gehen	45 min/145 kcal	2 Kugeln Fruchteis
➔Hausarbeit, z. B. Bügeln	45 min/124 kcal	1 Glas Rotwein
➔Büroarbeit/ Lesen	45 min/65 kcal	1 Schokokuss

Kalorien, dafür aber einige wichtige Mineralstoffe wie Magnesium und Kalzium. Morgens direkt nach dem Aufstehen ein Glas Wasser kurbelt den Stoffwechsel an. Als Appetithemmer wirkt es, wenn Sie es vor dem Essen trinken. Und eine Flasche Wasser am Arbeitsplatz spornt zum Mehr-Trinken an. Eine echt gute Alternative sind Fruchtsäfte mit Mineralwasser zu Schorlen gemixt. Die Obstsäfte versorgen den Körper mit Vitaminen und sekundären Pflanzenstoffen. Ein Extraschutz für das Immunsystem! Wichtig dabei ist nur, dass die Säfte keinen zusätzlichen Zucker enthalten. Kaffee kurbelt nach neuesten Studien den Fettstoffwechsel an, trotzdem Kaffee und schwarzen Tee nur in Maßen (2 Tassen pro Tag) und ungesüßt trinken – und wie die Italiener zu jeder Tasse ein Glas Wasser extra. Denn Kaffee und Tee entwässern den Körper. Außerdem geeignet sind: Früchte- oder Rooibostees sowie Gemüsesäfte. Kalorienarme Eiweißlieferanten sind Buttermilch, Kefir oder Molke, die nebenbei den Stoffwechsel anregen und den Körper entschlacken. Alkohol ist während einer Diät nicht gerade förderlich. Aber ab und zu eine trockene Weißweinschorle oder ein Glas Rotwein schaden auch nicht. Und eines ist klar: Wer nur verzichtet, ist nicht glücklich.

Bewegung

Wer sich regelmäßig und ausreichend bewegt, wird dauerhaft schlank – und ist gut drauf. Jeder weiß, dass er sich nach einem Spaziergang, einer Radtour oder einer Runde Schwimmen einfach besser fühlt. Das Schwierige ist nur, sich aufzuraffen, seinen inneren Schweinehund zu überwinden. Also: ab sofort gibt es keine Ausreden mehr. Wer bei Minusgraden oder Dauerregen nicht raus möchte, geht ins beheizte Schwimmbad oder Fitnessstudio. Mittlerweile gibt es sogar Extraprogramme für Übergewichtige, die sich unter den schlanken Fitnessfans nicht wohl fühlen. Es gibt keine Bewegungsart, die als Patentrezept gegen Übergewicht funktioniert, denn jeder Mensch ist anders. Nur Sport hilft allen beim Abnehmen. Denn der faul gewordene Stoffwechsel muss wieder angeregt werden. Warum? Wer regelmäßig Sport treibt, ersetzt die Fettpölsterchen durch Muskelmasse. So verbraucht der Körper sogar im Ruhezustand mehr Energie. Denn Muskelmasse ist aktiv tätig und benötigt Treibstoff. Fettgewebe ist wenig durchblutet, es ist ein reiner Energiespeicher für schlechte Zeiten. Der Körper tut alles, um ihn nicht anzutasten. Deshalb nutzt er vor dem Fett möglichst alle anderen Energiequellen wie die Kohlenhydrate. Dieses Phänomen gilt es dem Körper nach und nach abzugewöhnen, und zwar am besten durch Ausdauersport.

Sport – für jeden etwas

Auch wenn Joggen besonders effektiv ist – es ist nicht jedermanns Sache. Macht nichts. Entscheidend ist, dass jeder etwas findet, das Spaß macht und auf keinen Fall langweilig oder zu anstrengend ist. Viel wichtiger ist es, regelmäßig, also mindestens dreimal die Woche und jeweils mindestens 30, besser 45 Minuten zu trainieren. Denn zuerst werden die Kohlenhydrate in Energie umgewandelt, erst nach 20 Minuten beginnt der Körper an die Fettreserven zu gehen – und das ist das Ziel. Lange durchhalten ist deshalb wichtiger als schnell vorankommen. Atmung und Puls sollen im aeroben Bereich bleiben, denn der Körper braucht den Sauerstoff, um optimal Fett zu verbrennen. Das heißt, wer sich beim Sport locker unterhalten kann, bewegt sich genau richtig, und nicht der, der völlig aus der Puste gerät. Besonders gut eignen sich Ausdauersportarten wie Radfahren, Inlineskaten, Walken oder Schwimmen.

Psycho-Tipps

So, die Fakten sind klar – es kann losgehen. Wer immer noch zögert und Bedenken hat durchzuhalten, bekommt hier kleine Starthilfen und Tipps, die motivieren, wenn es mal nicht mehr weitergeht.

VITAL-Ernährungstagebuch

Wer aufschreibt, nimmt ab: Ein kleines Notizheft mit einer Tabelle (siehe Beispiel unten) ist der erste Weg zum erfolgreichen Abnehmen. So werden Essgewohnheiten transparent und können optimiert werden. Eine Maßnahme mit Erfolgsgarantie!

- ➔Dabei sein ist alles. So ein Heft passt in jede Tasche, und das soll es auch. Denn aufgeschrieben wird wirklich alles, was in den Mund gesteckt wird.
- ➔Nicht schummeln. Auch der Schokoriegel vom Kiosk und die Gummibärchen von der Kollegin müssen dokumentiert werden.
- ➔Analysieren bringt Erfolg. Ein Kommentar zu jedem Eintrag gibt Aufschluss. Wer in Stresssituationen gegessen hat, findet jetzt ein besseres Ventil.

Datum:

Uhrzeit	Was esse oder trinke ich?		Wo bin ich?	
	Lebensmittel	Getränke	Ort	Was mir auffällt
Sport				

Kleine Helfer in der Not

Es wird immer Tage geben, an denen man alles hinschmeißen möchte, weil sich auf der Waage nichts tut, eine Einladung die andere jagt und die Lust auf Schokolade einen an nichts anderes mehr denken lässt.

➔**Tagebuch schreiben** Wer einfach aufschreibt, was er im Laufe des Tages wann und wo gegessen hat (siehe Beispiel oben), wird feststellen, dass alleine dadurch die ersten Pfunde verschwinden. Denn Schwarz auf Weiß wird einem die zwischendurch gegessene Tafel Schokolade erst richtig bewusst, und die nächste Nascherei überlegt man sich genau.

➔**Positiv denken** Gedanken wie „Ich bin so dick und hässlich" sind tabu. Entdecken Sie die schönen Seiten an sich, die Augen, die Hände, es gibt ganz sicher etwas ganz Besonderes, Einzigartiges. Vor allem aber zählt die Ausstrahlung, und die kommt von innen: „Ich bin stark, weil ich jetzt etwas für mich tue und endlich abnehme. Und ich bin sicher, dass ich es schaffen werde." Mit diesem Selbstvertrauen gefällt man sich und anderen.

➔**Keine Ausreden** Von wegen, die Zeit reicht morgens nur für Kaffee und ein Croissant im Stehen. Dann wird eben nicht geschnippelt, sondern ein Stück Obst und Jogurt gegessen. Für Sport gilt das Gleiche: Wer meint, abschalten nach der Arbeit ginge am besten vor dem Fernseher, liegt falsch. Um wirklich auf andere Gedanken zu kommen, ist es viel effektiver, einen Spaziergang zu machen, zu walken oder in die Pedale zu treten.

11 Fragen und Antworten zur Diät

Als Schokoholic hat man es besonders schwer, eine Diät durchzuhalten. Gibt es eine Alternative?

➔Schokolade liefert nun mal viele Kalorien, enthält viel Fett und hat einen hohen GLYX-Index. Trotzdem sollte man Schokohunger nicht mit einem Apfel befriedigen. Darauf folgen oft Banane, Honigbrot bis zur ganzen Tafel Vollmilch-Nuss. Je höher der Kakaoanteil, desto weniger Zucker enthält Schokolade und umso besser ist sie aus GLYX-Perspektive gesehen. Optimal sind mindestens 70 % Kakao. Am besten ein, zwei Stücke im Mund zergehen lassen und genießen.

Wie oft soll man zur Kontrolle auf die Waage ?

➔Wer sich täglich wiegt, macht sich verrückt. Es gibt immer Schwankungen, die unnötig frustrieren. Wer einmal die Woche, immer zur gleichen Zeit, unbekleidet auf die Waage steigt, hat alles im Blick.

Bei einer Diät abzunehmen schaffen die meisten, aber wie hält man sein Gewicht anschließend?

➔Die VITAL-Diät ist eine Ernährungsumstellung, das heißt, sie soll ein neues Bewusstsein fürs Essen und den Umgang mit Lebensmitteln schaffen. Wer mit der VITAL-Diät abnimmt, muss nicht verzichten, deshalb fällt es auch nicht schwer, im Anschluss die neuen Gewohnheiten weiterzuführen: fettarm kochen, Lebensmittel mit niedrigem GLYX bevorzugen und sich regelmäßig bewegen. Und wer das an fünf von sieben Tagen hinbekommt, ist seine Pfunde für immer los.

Gerade Mittag gegessen und schon wieder ein Loch im Bauch. Was tun?

➔Einmal richtig hinhören, ob es wirklich Hunger ist. Etwas Obst oder Gemüse knabbern, ein paar Nüsse sind auch o.k. Ansonsten: Ablenkung, z. B. telefonieren, ist erste Hunger-Hilfe.

Beim Fasten nimmt man doch besonders viel ab. Ist das nicht die beste Diät?

➜Fasten ist in erster Linie als Reinigung bzw. Entschlackung des Körpers zu sehen. Stark übergewichtige Menschen können so unter ärztlicher Aufsicht mit dem Abnehmen beginnen. Nachteil für alle, die ihre Pfunde endgültig loswerden wollen: Es findet keine Ernährungsumstellung statt, so dass nach dem Fasten wieder die gleichen Probleme auftauchen. Außerdem fährt der Stoffwechsel auf Sparflamme runter. Folge: Man nimmt anschließend oft mehr zu, als man durch das Fasten abgenommen hat.

Womit soll man am besten süßen?

➜Am besten ganz natürlich: mit Honig, Ahornsirup, Apfel- oder Birnendicksaft und so sparsam wie möglich. Süßstoffe sind nur für Diabetiker geeignet, ansonsten regen sie den Appetit an, und das ist unerwünscht.

Diät-Falle Nummer eins sind Einladungen und Restaurantbesuche. Wie kann man sich vor ungewollten Kalorien schützen?

➜Wenn möglich, selber entscheiden, in welches Restaurant es geht: Sushi beim Japaner oder Pasta und Salat beim Italiener passen ausgezeichnet in den Diätplan. Grundsätzlich gilt: vor dem Essen lieber Wasser trinken, anstatt Brot mit Butter zu essen. Zum Essen viel Wasser und wenig Wein trinken und Obst zum Dessert bestellen. Bei Einladungen zum Kaffee den Obstkuchen der Sahnetorte vorziehen und nicht aus Höflichkeit ein zweites Stück essen.

Braucht man Vitamin- oder Mineralstoffpillen?

➜Die VITAL-Rezepte enthalten eine vielseitige Mischung an Vollkornprodukten, Fleisch, Fisch, Obst und Gemüse. Damit werden alle wichtigen Vitalstoffe geliefert, so dass eine Nahrungsergänzung während der Diät überflüssig ist.

Durchhalten fällt alleine besonders schwer. Gibt es Gruppen, die motivieren?

➜Im Freundeskreis oder Internet gibt es bestimmt weitere Abnehmwillige. Oder man macht die Diät zusammen mit dem Partner. Denn gemeinsam ist man einfach stärker.

Wie schnell oder langsam abnehmen ist gesund?

➜Am besten lässt man sich beim Abnehmen so viel Zeit wie beim Zunehmen. Alles andere frustriert. Der Prozess einer langsamen, stetigen Zunahme muss umgedreht werden. Mit Ernährung und Bewegung.

Gibt es ein paar Tricks, wie man GLYX-gerecht einkauft, auch wenn man keine Tabelle dabei hat?

➜ Je mehr ein Lebensmittel industriell verarbeitet ist, desto höher ist der GLYX-Index. Haushaltszucker, Weißbrot, andere Weißmehlprodukte, Süßwaren und Knabberartikel gehören deshalb zu den Lebensmitteln mit hohem GLYX. Aber auch Obst wie Bananen, Datteln und Wassermelone sind hoch im GLYX-Kurs, weil in den Früchten schon ein hoher Zuckeranteil vorliegt. Optimal sind alle Vollkornprodukte, auch Reis und Nudeln, die meisten Gemüse und Milchprodukte.

Rezepte

So gut schmeckt vital abnehmen

Hier gibt es über 250 köstliche Diät-Rezepte mit ausgewogenen Zutaten und randvoll mit Vitalstoffen – alle für eine Person. Das VITAL-Konzept, um mit Genuss abzunehmen und dauerhaft schlank zu bleiben

Hier geht's endlich ans Genießen – und zwar nicht zu knapp. Alle Rezepte sind schnell und einfach zubereitet, keines dauert länger als 30 Minuten. Und das Wichtigste, jedes ist superlecker und liefert wenig Fett, dafür immer eine Extraportion wichtiger Vitalstoffe, die den Stoffwechsel ankurbeln, schlank und topfit machen. Sie können sich aus der Rezeptvielfalt Ihre Favoriten heraussuchen und kombinieren, was Sie am liebsten mögen.

So funktioniert's

Die VITAL-Ernährungsumstellung besteht aus vier bis fünf Mahlzeiten täglich: einem Frühstück, ein bis zwei Snacks, einem Mittag- und einem Abendessen. Den Morgen beginnen Sie nach Ihrem persönlichen Zeit- und Appetitfaktor: Mit einem Fitmacher-Müsli, einer herzhaften oder süßen Brotzeit, Obstquark oder Pfannkuchen. Mittags bleibt die Küche kalt. Es gibt als leichten Imbiss knackige Salate, üppig belegte Sandwiches oder Süßspeisen wie z. B. cremigen Milchreis mit Früchten. Alle diese Rezepte machen satt, aber nicht platt und lassen sich prima ins Büro mitnehmen oder aber unterwegs essen. Abends wird dann gekocht. Es gibt jede Menge köstliche vegetarische Gerichte, ein Extrakapitel für Suppenfans sowie tolle Fisch- und Fleischgerichte. Wer lieber mittags warm isst, tauscht Mittag- und Abendessen einfach untereinander aus. Für das

Zwischendurch gibt es Snacks. Von Drinks über Obstsalate, bis hin zu belegten Broten – für jeden ist etwas dabei und für jede Situation genau das Richtige. Sie entscheiden selbst, ob Sie einen Snack für den Vormittag und einen gegen das Tief am Nachmittag essen möchten, oder ob Sie vielleicht auf einen oder sogar auf beide verzichten können. Snacks machen vielen das Abnehmen leichter, sie sind aber für den Erfolg nicht unbedingt notwendig.
Auf den nachfolgenden Seiten finden Sie außer den Rezepten zusätzliche Infokästen, die in zwei Kategorien eingeteilt sind.

Der vital-tipp

In diesen Kästen gibt es jede Menge Informationen zum Thema Vitalstoffe und Fitness. Wir sagen Ihnen, wie Sie Vitamine und Mineralstoffe optimal kombinieren und welche Ihren Stoffwechsel zusätzlich ankurbeln.

Der koch-tipp

Diese Kästen informieren Sie über alles, was aus der Küche kommt: Raffinierte Tipps zur Zubereitung finden Sie genauso wie Tipps zum Anlegen von Vorräten, damit Sie nicht jeden Tag frisch kochen müssen – vor allem wenn es mal ganz besonders schnell gehen muss.

Wie viel Kalorien pro Mahlzeit?

Fünf Mahlzeiten am Tag sind optimal, um ohne Hungergefühl abzunehmen. Täglich ein Frühstück, zwei Snacks, ein Mittag- und ein Abendessen ergeben zwischen 1200 und 1500 kcal.

- **➔VITAL-Frühstück, von süß bis herzhaft, liefert bis 350 kcal**
- **➔VITAL-Snacks liefern bis 250 kcal**
- **➔VITAL-Mittagessen, ideal zum Mitnehmen, liefert bis 380 kcal**
- **➔VITAL-Abendessen lassen sich gegen Mittagessen tauschen und haben maximal 480 kcal**

Jetzt geht's aber endlich los

Das Tolle an der VITAL-Ernährungsumstellung ist, dass Sie sie so lange wie Sie möchten durchführen können. Sie liefert 1200 bis 1500 kcal täglich und enthält die vollwertige, ausgewogene Mischung aus frischem Obst und Gemüse, magerem Fisch und Geflügel, Vollkornprodukten und fettarmen Milchprodukten, die Sie jeden Tag aufs Neue optimal mit allen wichtigen Nähr- und Vitalstoffen versorgen. Ihnen entgeht also nichts. So können Sie ganz individuell Ihr gestecktes Abnehmziel langsam, aber sicher und optimal mit vollem Genuss erreichen.
Haben Sie Appetit bekommen? Na, dann nichts wie los. Am besten machen Sie sich für die erste Zeit einen „Diät-Plan". Dann können Sie für die kommenden Tage eine Liste schreiben, die Ihnen das Einkaufen erleichtert. Sie geraten so gar nicht erst in Versuchung, überflüssige Dinge wie Schokolade oder Chips in den Einkaufswagen zu packen. Von nun an ständig und in Massen erlaubte Verführung ist die Obst- und Gemüsetheke.
Jetzt heißt es für uns nur noch: Viel Spaß beim Kochen und Genießen – und vor allem viel Erfolg beim Abnehmen!

frühstück

Super Starter in den Tag – ein gesundes Frühstück. Hier gibt es für Obstfans, Morgenmuffel, Eilige und Genießer eine Vielzahl an Müslis, Sandwiches, Quarkspeisen und Pfannkuchen. Diese abwechslungsreichen Rezepte mit der optimalen Mischung aus Kohlenhydraten, Eiweiß und Vitalstoffen füllen die im Schlaf entleerten Energiespeicher wieder auf. Das bringt die nötige Power für den neuen Tag

müsli

Der wohl beliebteste Starter unter den Frühstücken. Und das aus gutem Grund: Die perfekte Mischung aus vollwertigem Getreide, fettarmen Milchprodukten, erntefrischen Früchten und Nüssen liefert alles, was man braucht, um mit neuer Power den Tag zu beginnen.

→Das steckt drin: Ob Hafer, Hirse oder Weizen – wichtig ist das volle Korn, denn darin sind alle wertvollen Inhaltsstoffe drin, vor allem B-Vitamine, Eisen und Ballaststoffe. Milchprodukte, wie Jogurt, Quark, Milch oder Dickmilch, versorgen den Körper mit hochwertigem Eiweiß. Nüsse liefern ebenfalls wertvolles Eiweiß, mehrfach ungesättigte Fettsäuren und Kalium. Früchte, am besten der Saison, enthalten jede Menge Vitamine und Mineralstoffe.

→Der Mix macht's: Ein eiweißreiches Frühstück sorgt dafür, dass der Blutzuckerspiegel langsam ansteigt, komplexe Kohlenhydrate aus Getreide halten ihn lange konstant. Früchte geben viel Geschmack und sparen Zucker.

Hirse mit Birne

(Foto Seite 38) **50 g Hirse** in der doppelten Menge Wasser ca. 10 Min. garen. **1 Birne** halbieren, Kerngehäuse entfernen, Birne würfeln. **150 g fettarme Dickmilch** mit **1 TL Honig** und etwas **Zimt** verrühren. Birne und Hirse zugeben. **20 g Walnüsse** hacken und darüber streuen.

Rosinen mit Apfel

2 EL Rosinen in **4 EL Orangensaft** einweichen lassen. **1 Apfel** halbieren, entkernen und würfeln. **150 g fettarmen Cremequark** und **1 TL Ahornsirup** verrühren. **2 EL Haferflocken**, Rosinen, restlichen Orangensaft und Apfel unterrühren.

Kokos mit Orange

(Foto) **2 EL Hafer-** und **1 EL Kokosflocken** in einer Pfanne ohne Fett anrösten, abkühlen lassen. Mit **1 EL Cornflakes** und **1 Msp. Zimt** mischen. **1 Orange** dick schälen, so dass die weiße Haut mit entfernt wird. Orangenfilets herauslösen, Saft dabei auffangen. Alles mit **150 ml fettarmer Milch** mischen.

Nuss mit Banane

30 g Haselnüsse grob hacken und in einer Pfanne ohne Fett anrösten. **150 g fettarme Dickmilch, 2 TL Birnendicksaft** und **2 TL Limettensaft** verrühren. **1 Banane** schälen, würfeln und auf der Dickmilch anrichten. Mit Nüssen bestreuen.

Pfirsich-Porridge

2 getrocknete Aprikosen fein würfeln. **250 ml fettarme Milch, ½ TL Butter** und **1 Prise Salz** aufkochen. **30 g Buchweizengrütze** und Aprikosen zugeben, unter Rühren ca. 15 Min. ausquellen lassen. **1 TL Honig** unterrühren. **1 Pfirsich** halbieren, entsteinen und in Spalten schneiden. Auf dem Porridge anrichten.

Crunchy mit Erdbeere

1 EL Walnüsse hacken. Mit **1 EL Sesam** in **½ TL heißer Butter** anrösten. **1 TL Honig** darüber träufeln und erhitzen. **1 EL Haferflocken** untermischen und abkühlen lassen. **150 g Erdbeeren** putzen und klein schneiden. **150 g fettarmen Jogurt** und **1 TL Ahornsirup** verrühren. Erdbeeren und Crunchy darauf anrichten.

Mandel mit Mango

30 g Mandeln rösten. **100 g fettarmen Jogurt** und **1 TL Honig** verrühren. **½ Mango** schälen und würfeln, mit **2 EL Sechs-Korn-Flocken** mischen. Mandeln darüber streuen.

5-Korn mit Kirsche

(Foto) **30 g Fünf-Korn-Mischung** über Nacht in Wasser einweichen. Mit **150 g Kirschen** und **Himbeeren** und **100 g fettarmem Jogurt** mischen.

Zimt mit Pflaume

150 g fettarmen Jogurt, 1 TL Ahornsirup, Zimt und **2 EL ungesüßtes Müsli** mischen. **150 g Pflaumen** entsteinen, würfeln, untermischen.

Vanille mit Grapefruit

150 g Cremequark, 1 TL Honig, 1 TL Vanillemark und **2 EL Haferflocken** mischen. **1 rosa Grapefruit** schälen, filetieren und untermischen.

Minze mit Melone

150 g fettarme Dickmilch, 1 TL Honig, 3 Minzeblätter und **2 EL Sechs-Korn-Flocken** verrühren. **¼ Honigmelone** entkernen, Fruchtfleisch herausschneiden, würfeln und darauf anrichten.

Sanddorn mit Traube

150 g fettarmen Cremequark, 2 EL honiggesüßten Sanddornsaft und **2 EL ungesüßtes Müsli** verrühren. **150 g Trauben** halbieren, evtl. entkernen und unterrühren.

Haferschrot mit Feige

150 g fettarme Dickmilch, 1 TL Birnendicksaft und **2 EL Haferschrot** verrühren. **2 frische Feigen** schälen, klein schneiden und unterrühren.

Pistazien mit Ananas

150 g fettarmen Jogurt, 1 TL Honig und **2 EL Haferflocken** mischen. **150 g Ananasfruchtfleisch** würfeln, mit **1 EL Pistazien** zum Jogurt geben. **Tipp:** Bald essen, das Ananasenzym „Bromelin" lässt den Jogurt sonst leicht bitter schmecken!

brotzeit

Ein Muss für alle Frühstückfans. Brot, herzhaft oder süß belegt, macht alle glücklich, die es klassisch mögen. Ein echter Schlankmacher wird es, wenn Vollkornbrot mit Salat, Gemüse oder Früchten kombiniert wird.

→Das steckt drin: Dank der vielen Ballaststoffe ist Vollkornbrot ein Super-Sattmacher, der außerdem viele B-Vitamine und Eisen liefert. Fettarme Beläge wie Käse und Geflügelaufschnitt sorgen für die nötige Portion Eiweiß.

→So wirkt es: Ballaststoffe kurbeln den Stoffwechsel an, B-Vitamine stärken Nerven und fördern die Konzentration. Eisen versorgt das Blut mit ausreichend Sauerstoff, Eiweiß liefert neue Muskelpower für den Körper.

→Für Eilige: Wer morgens noch keinen Bissen runterbekommt, packt das fertig belegte Brot einfach ein. Gemüse, Salat und Obst halten es länger frisch, und wenn der große Hunger kommt, ist die Stulle griffbereit. So kann man der Versuchung nach einem Schokoriegel ganz leicht widerstehen.

Rauke mit Apfel

(Foto) 75 g fettarmen Frischkäse und **3 EL fettarme Milch** glatt rühren. **½ Apfel** klein schneiden und mit **1 EL gehackter Rauke** unterrühren. Mit **Salz und Pfeffer** abschmecken. **2 Scheiben Vollkornknäcke** damit bestreichen.

Pute mit Gurke

2 Scheiben Vollkornbrot dünn mit **fettarmem Frischkäse** bestreichen. Mit je **1 Scheibe Putenaufschnitt** und **5 Gurkenscheiben** belegen. Würzen. Mit **1 EL Schnittlauch** bestreuen.

Lachs mit Rettich

1 Scheibe Vollkornbrot mit **1 TL fettarmem Frischkäse** bestreichen. Mit **2 Scheiben Räucherlachs** belegen. Mit **150 g Rettich** in Scheiben auf dem Brot verteilen. Würzen.

Brie mit Birne

1 Scheibe Vollkorntoast rösten, mit **1 TL fettarmem Kräuter-Frischkäse** bestreichen. Mit **60 g fettarmem Brie** in Scheiben belegen. **1 Birne** schälen, halbieren, Kerngehäuse entfernen und in Scheiben auf dem Brot verteilen. Mit etwas **Pfeffer** würzen.

Tomate mit Mozzarella

1 Vollkorn-Bagel aufschneiden, mit **2 TL fettarmem Frischkäse** bestreichen. Mit **2 Tomaten** und **60 g Mozzarella** in Scheiben belegen. Salzen und pfeffern, mit **Basilikumblättern** bestreuen. Bagel zusammenklappen.

Quark mit Kräutern

100 g fettarmen Cremequark, 1 TL Tomatenmark und **etwas Paprikapulver** glattrühren, mit **Salz und Pfeffer** würzen. **1 Vollkornbrötchen** aufschneiden, damit bestreichen, mit gehackten **Kräutern**, z. B. Petersilie, Basilikum, bestreuen.

Pesto mit Gemüse

2 Scheiben Ciabatta rösten. Mit **2 TL Pesto** (aus dem Glas) bestreichen. **1 Tomate, ½ rote Paprikaschote** und **¼ Salatgurke** putzen, klein schneiden und dazu knabbern.

Melone mit Schinken

2 Scheiben Ciabatta rösten. Mit **2 TL fettarmem Frischkäse** bestreichen. **100 g Honigmelone** in Spalten und **2 dünne Scheiben Parmaschinken** auf dem Brot verteilen. Würzen.

Frischkäse mit Möhre

(Foto) 1 Möhre schälen, in dünne Streifen schneiden. **50 g fettarmen Frischkäse** mit **1 TL Limettensaft, Salz und Pfeffer** verrühren. Auf **2 Vollkorntoasts** streichen. Mit Möhren und **50 g Weintrauben** belegen.

Ei mit Schnittlauch

100 g fettarmen Cremequark, 1 gewürfeltes hart gekochtes Ei, 1 TL Senf und **etwas Schnittlauch** verrühren, würzen. **2 Scheiben Vollkorntoast** damit bestreichen, zusammenklappen. Diagonal durchschneiden.

Harzer mit Radieschen

1 Scheibe Vollkornbrot mit **1 TL Honigsenf** bestreichen. Mit **100 g Harzer Roller** und **5 Radieschen** in Scheiben belegen. Würzen.

Gouda mit Sprossen

1 Scheibe Vollkornbrot mit einer Mischung aus je ½ **TL Senf** und **Honig** bestreichen. Mit **2 Salatblättern, 1 Scheibe fettarmem Gouda** und **30 g Sprossen (z. B. Alfalfa)** belegen.

Ziegenkäse mit Salat

1 Vollkornbrötchen halbieren, mit **100 g Ziegenfrischkäse** bestreichen. Je ½ **TL Honig, Senf, Limettensaft** und **Öl** verrühren. Mit **50 g geputztem Blattsalat** mischen. Auf dem Brötchen verteilen. Zusammenklappen.

Krabbensalat mit Saft

2 Tomaten würfeln. Etwas **Petersilie** und **Schnittlauch** fein hacken. Alles mit **50 g Krabbenfleisch** und **2 TL Jogurt-Salatcreme** verrühren, würzen. **1 Vollkorntoast** rösten, mit dem Krabbensalat bestreichen. Dazu: **1 Glas Orangensaft**.

Geflügel mit Paprika

1 Scheibe Vollkornbrot mit **1 TL Meerrettich** bestreichen. Mit **2 Scheiben Geflügelaufschnitt** und **1 roten Paprika** in Streifen belegen.

Frischkäse mit Feige
1 Vollkornbrötchen aufschneiden, mit **40 g körnigem Frischkäse** bestreichen. **2 frische Feigen** achteln, Schale entfernen und das Brötchen damit belegen.

Bagel mit Obstsalat
1 kleinen Vollkorn-Bagel (oder Brötchen) mit **2 EL körnigem Frischkäse** und **1 TL Himbeerkonfitüre** bestreichen. **½ Papaya** und **1 Kiwi** schälen und klein schneiden. Dazu essen.

Caffè Latte mit Knäcke
2 Müsli-Knäcke mit **1 TL Butter** und **1 TL Honig** bestreichen. **150 ml fettarme Milch** erhitzen und aufschäumen. Mit **50 ml Espresso** aufgießen und dazu trinken.

Dattel-Quark mit Saft
2 frische Datteln entkernen, pürieren. Mit **2 EL fettarmem Cremequark** mischen. Auf **1 Scheibe gerösteten Vollkorntoast** streichen. **200 ml frischen Orangensaft** dazu trinken.

Mandelmus mit Pfirsich
Je 1 TL Mandelmus und **Honig** mit **1 EL körnigem Frischkäse** mischen. **1 Müslibrötchen** aufschneiden und damit bestreichen. **1 Pfirsich** in Spalten schneiden und darauf verteilen.

Banane mit Kokos
1 EL Kokosraspel mit **2 EL Magerquark** und **1 TL Honig** verrühren. **2 Scheiben Vollkornknäcke** damit bestreichen. Mit **1 Banane** in Scheiben belegen.

Möhre mit Mango
Fruchtfleisch von **½ Mango** pürieren. **1 kleine Möhre** schälen, fein raspeln. Beides mit **1 EL Magerquark** vermischen. Mit etwas **Honig** süßen. **2 Vollkornknäcke** damit bestreichen.

Birne mit Mandel
1 reife Birne schälen, Kerngehäuse entfernen und pürieren. Mit **2 EL körnigem Frischkäse** mischen. **2 Scheiben Vollkorntoast** rösten, mit Birnencreme bestreichen. Mit **1 TL Mandelblättchen** und etwas **Zimt** bestreuen.

Quark mit Beeren

(Foto) **1 EL fettarmen Cremequark** mit **½ TL Honig** süßen. **100 g Himbeeren** und **Erdbeeren** waschen, in Scheiben schneiden. **1 Scheibe Vollkornbrot** rösten. Mit Quark bestreichen, mit Früchten belegen.

Sanddorn mit Orange

2 EL fettarmen Cremequark mit **1 EL honiggesüßtem Sanddornsaft** verrühren. **1 Vollkornbrötchen** damit bestreichen. **1 Orange** schälen, in Spalten teilen und darauflegen.

Walnüsse mit Kiwi

3 EL körnigen Frischkäse mit **1 EL gehackten Walnüssen** verrühren. **1 Vollkornbrötchen** damit bestreichen. **2 Kiwis** schälen, in Scheiben schneiden und belegen.

Ziegenkäse mit Honig

1 kleine Scheibe Vollkornbrot mit **1 EL Ziegenfrischkäse** bestreichen. Mit **1 TL Honig** beträufeln. **1 kleine Banane, 1 Spritzer Zitrone** und **100 ml Buttermilch** pürieren und dazu trinken.

pancakes & co

Für Gourmets, die das Besondere mögen. Und für alle, die sich am Wochenende mal so richtig verwöhnen möchten. Pfannkuchen, Omeletts, Crêpes und Rührei, von süß bis herzhaft – alles aus der Pfanne, alles mit Obst und Gemüse verfeinert. Eben ein Frühstück der besonderen Art.

→**Super tanken:** Eier liefern in der Zusammensetzung ihrer Aminosäuren besonders hochwertiges Eiweiß. In Kombination mit Milchprodukten und Getreide wird die biologische Wertigkeit (das heißt die Nutzbarkeit für den Körper) von Eiweiß noch höher. So wird dieses Frühstück zur echten Turbo-Mischung. Obst und Gemüse ergänzen den Kraftstoff durch reichlich Vitalstoffe optimal.

→**Probleme mit Cholesterin?** Dann sollte es nicht mehr als zwei Eier die Woche geben. Tipp für zwei Personen – drei Eiweiß und ein Eigelb ergeben auch ein köstliches Omelett!

mit Apfel und Birne

(Foto) 30 g Weizenmehl (Type 550), 1 Ei (Größe S), 40 ml fettarme Milch, 1 TL Backpulver, 20 g Rosinen und **1 EL braunen Zucker** verrühren. Stehen lassen. **1 Apfel** und **1 Birne** vorbereiten, würfeln. Mit **1 TL Honig** und **2 TL Limettensaft** weich kochen. Aus dem Teig in einer beschichteten Pfanne nacheinander 2 Pfannkuchen backen, mit dem Kompott essen.

mit Mandel und Banane

2 EL Mandelblättchen, 1 EL Weizenvollkornmehl, 1 Ei (Größe S), 2 EL Mineralwasser, 5 EL Vollmilch und **1 TL braunen Zucker** verquirlen. Stehen lassen. In einer beschichteten Pfanne 1 bis 2 Pfannkuchen backen. **1 Banane** in Scheiben schneiden und darauf legen. Mit **1 TL Honig** beträufeln.

Kaiserschmarrn

30 g Weizenmehl (Type 550), 1 Ei (Größe S), 40 ml fettarme Milch, 1 TL Backpulver, 20 g getrocknete Aprikosenwürfel und **1 EL braunen Zucker** verrühren. Stehen lassen. In einer beschichteten Pfanne 1 dicken Pfannkuchen backen. Mit zwei Gabeln in Stücke teilen. Mit **2 TL kalorienreduzierter Himbeerkonfitüre** essen.

Blaubeer-Pancake

2 EL Weizenmehl, 1 TL Backpulver, 1 TL braunen Zucker, 1 Prise Salz, 1 Ei (Größe S) und **1 TL flüssige Butter** verquirlen. **100 g Heidelbeeren** unterrühren. In einer beschichteten Pfanne ohne Fett 1 dicken Pfannkuchen backen. **1 EL Cremequark** und **1 TL Honig** verrühren und dazu essen.

Süßes Reis-Omelett

2 EL gekochten Vollkornreis (Rest von einem Hauptgericht), **1 TL braunen Zucker, 1 Ei (Größe S)** und **1 Prise Salz** verquirlen. In einer beschichteten Pfanne mit **1 TL Sonnenblumenöl** goldbraun backen. **100 g Erdbeeren** waschen, putzen, klein schneiden und dazu essen.

Orangen-Erdnuss-Crêpe

1 Ei, 2 EL Mineralwasser, 5 EL Vollmilch und **1 EL Weizenvollkornmehl** verrühren. Stehen lassen. **1 EL abgeriebene Orangenschale** mit **2 TL Erdnussmus, 50 ml Orangensaft** und **1 TL Honig** mischen. In einer Pfanne mit **1 TL Öl** einen Crêpe backen. Orangen-Erdnuss-Creme darauf streichen.

Apfelpfannkuchen

(Foto) **1 Ei, 2 EL Mineralwasser, 5 EL Vollmilch, 1 EL Weizenvollkornmehl** und **1 TL braunen Zucker** verrühren. Stehen lassen. **2 Äpfel** in Scheiben schneiden. Mit **1 TL Honig, 2 TL Orangensaft** und **1 TL Rosinen** kurz dünsten. In einer Pfanne mit **1 TL Öl** 2 Pfannkuchen backen.

Hirse-Cake mit Pfirsich

2 EL gekochte Hirse, 1 TL braunen Zucker, 1 Ei (Größe S) und **1 Prise Salz** verquirlen. In einer beschichteten Pfanne mit **1 TL Sonnenblumenöl** goldbraun backen. **1 Pfirsich** in Spalten auf dem Hirse-Cake anrichten.

Omelett mit Tomaten

1 Ei, 1 EL gehackte Kräuter und **1 EL Mineralwasser** verquirlen. In einer beschichteten Pfanne ohne Fett goldgelb braten. Mit **2 Cocktail-Tomaten** auf **1 kleinen Scheibe getoastetem Hafervollkornbrot** anrichten. Dazu **150 ml frisch gepressten Orangensaft.**

Omelett mit Parmesan

1 Ei, 1 EL gehackte Kräuter und **1 EL Mineralwasser** verquirlen. In einer Pfanne ohne Fett goldgelb braten. **1 EL geriebenen Parmesan** darüber streuen. Auf **1 Scheibe Vollkorntoast** anrichten. Dazu **150 ml Tomatensaft.**

Rührei mit Schinken

1 Scheibe Parmaschinken klein schneiden. Mit **1 Ei, 2 EL gehackten Kräutern** und **1 EL Milch** verquirlen. In einer Pfanne ohne Fett goldgelb braten. Auf **1 Scheibe Vollkornbrot** anrichten. **½ rote Paprika** dazu essen.

Krabben-Rührei

1 Ei, 1 EL gehackte Kräuter und **1 EL Milch** verquirlen. **50 g Krabben** und **1 TL Schnittlauch** unterrühren. In einer beschichteten Pfanne goldgelb braten. Auf **1 Vollkorntoast** anrichten.

Spiegelei mit Salat

1 Ei in einer beschichteten Pfanne braten. **1 Scheibe Vollkornbrot** mit **Senf** bestreichen. Spiegelei darauf legen. Mit **50 g Rauke** und **4 Cocktail-Tomaten** anrichten.

milch & more

Für Frühstücksmuffel, bei denen sonst nichts geht, gibt's hier die extraleichte Nummer: fettarme Milchprodukte, gemixt mit reichlich frischem Obst. Verfeinert mit Gewürzen wie Vanille, Kokos, Zimt ... Alles ist blitzschnell fertig und gibt den nötigen Kick, der morgens vielen fehlt.

→Die Wake-up-Wirkung: Das Wichtigste – wie auch im Müsli – ist das hochwertige Eiweiß aus Quark, Jogurt, Dickmilch oder Frischkäse. Früchte liefern vor allem Betakarotin, Vitamin C, Magnesium und Kalium. Sie kurbeln den Stoffwechsel an, schleusen Wasser aus den Zellen und machen schnell taufrisch. Aus Honig oder Ahornsirup gibt's eine kleine Portion „schnelle Kohlenhydrate", die wie ein Push-up auf den Kreislauf wirken.

→Für Obermuffel: Wem kauen morgens zu anstrengend ist, der wirft alle Zutaten in einen Mixer und macht sich einen Frucht-Milch-Shake. Der wirkt genauso und macht mächtig munter.

Orange mit Feige

(Foto) 150 g Magerquark, 3 EL fettarme Milch und **1 TL Honig** verrühren. **1 Orange** dick schälen, so dass die weiße Haut mit entfernt wird. Orangenfilets heraustrennen, Saft dabei auffangen. **2 Feigen** in Spalten schneiden. Saft unter den Quark rühren. Früchte zugeben. **30 g gehackte Pistazien** darüber streuen.

Kokos mit Mango

2 EL Kokosraspel anrösten. Mit **200 g fettarmem Jogurt** und **1 TL Ahornsirup** verrühren. **1 Mango** schälen. Das Fruchtfleisch vom Stein abschneiden und würfeln. Mit dem Saft von **1 Limette** beträufeln. Auf dem Kokosjogurt anrichten. **1 EL Kokoschips** darüber streuen.

Erdbeere mit Rhabarber

100 g Rhabarber putzen und klein schneiden, in **50 ml Apfelsaft** mit **1 TL Rosinen** ca. 5 Minuten garen. **1 TL Honig** unterrühren. **150 g Erdbeeren** waschen, putzen und klein schneiden. **150 g fettarmen Vanillequark** mit Erdbeeren und Rhabarber in ein Glas schichten.

Banane mit Zimt

150 g Dickmilch, 1 TL Ahornsirup und **½ TL Zimt** verrühren. **1 Banane** schälen und in Scheiben schneiden. In einer beschichteten Pfanne von beiden Seiten kurz anbraten, mit **1 TL Honig** beträufeln. Auf der Dickmilch anrichten. **5 gehackte Walnusskerne** darüber streuen.

Kirsche mit Mohn

2 EL Mohn im Mörser zerstoßen, mit **1 TL Ahornsirup** und **150 g fettarmem Cremequark** verrühren. **150 g Sauerkirschen** entsteinen, mit **2 EL Apfelsaft, 1 TL braunem Zucker** und **½ Zimtstange** kurz erhitzen. Zimtstange entfernen und Kirschen mit dem Mohnquark anrichten.

Himbeere mit Minze

200 g fettarmen Jogurt mit **1 TL Ahornsirup** verrühren. **5 Minzeblätter** fein hacken und unterrühren. **150 g Himbeeren** waschen und putzen, mit **2 EL Orangensaft** mischen. Auf dem Jogurt anrichten.

Birne mit Sesam

150 g fettarme Dickmilch mit **1 TL Honig** und **½ TL Vanillemark** verrühren. **1 Birne** schälen, halbieren, das Kerngehäuse entfernen und in Spalten schneiden. Mit **1 TL Birnendicksaft** beträufeln und mit **2 TL Sesam bestreuen.** Auf der Dickmilch anrichten.

Pflaume mit Vanille

(Foto) **150 g Magerquark** mit **50 ml Milch** und **1 TL Honig** verrühren. **½ Vanilleschote** auskratzen. **150 g Pflaumen** halbieren und entsteinen. **1 Birne** in Spalten schneiden. Obst mit **1 TL braunem Zucker**, Vanillemark und 2 EL Wasser dünsten. Noch warm auf die Quarkcreme geben.

Grapefruit mit Mandeln

1 rosa Grapefruit so dick schälen, dass die weiße Haut mit entfernt wird. Filets heraustrennen, Saft auffangen. **150 g körnigen Frischkäse, 2 TL gehackte Mandeln** und **1 TL Honig** verrühren. Grapefruitfilets und Mandel-Frischkäse in ein Glas geben.

Apfel mit Sanddorn

150 g fettarme Dickmilch mit **2 TL Sanddornsaft** verrühren. **1 Apfel** grob raspeln, mit **1 TL Limettensaft** beträufeln. Unter die Dickmilch heben. **2 TL gehackte Haselnüsse** in einer Pfanne rösten und darüber streuen.

Aprikosen mit Pfirsich

3 getrocknete Aprikosen in **50 ml Orangensaft** einweichen lassen. **150 g fettarmen Cremequark, 1 TL Honig** und Aprikosen verrühren. **1 Pfirsich** in Spalten schneiden und auf dem Quark anrichten.

Kardamom mit Papaya

Samen von **2 Kardamomkapseln** (oder ½ TL Pulver) im Mörser zermahlen. Mit **1 TL Honig, 1 Prise Zimt, ½ TL Orangenschale** und **150 g fettarmem Jogurt** verrühren. Fruchtfleisch von **½ Papaya** mit **½ TL braunem Zucker** und **1 TL Limettensaft** pürieren. Mit dem Jogurt essen.

Heidelbeere mit Zitrone

200 g fettarmen Zitronenjogurt mit **5 fein gehackten Zitronenmelisseblättern** verrühren. **150 g Heidelbeeren** verlesen, darauf anrichten.

mittags: salate

Knackfrische Sattmacher! Schnell und einfach gemacht, sind sie ideal für unterwegs oder zu Hause. Das hält fit und schlank mit dem Vitaminkick aus Blattsalaten, Obst und Gemüse

Gemüse-Carpaccio mit Schnittlauch-Dressing

1 Kohlrabi, 1 Möhre, ½ Bund Radieschen, 75 g Champignons, Jodsalz, Pfeffer, 1 EL Olivenöl, 1 EL Gemüsebrühe (Instant), 1 EL Weinessig, 1 TL Zitronensaft, 1 TL Honig, ½ Bund Schnittlauch, 1 Scheibe Vollkornbrot

→1 Kohlrabi schälen und halbieren. Möhre schälen. Radieschen putzen und waschen. Alles mit dem Gemüsehobel oder mit einem Messer in dünne Scheiben schneiden.

→2 Champignons mit Küchenpapier abreiben, in Scheiben schneiden. Gemüse auf einem Teller anrichten. Mit Salz und Pfeffer würzen.

→3 Für die Marinade Öl, Brühe, Essig, Zitronensaft und Honig gut verrühren. Mit Salz und Pfeffer würzen. Schnittlauch waschen, trockenschütteln und in Röllchen schneiden. Marinade und Schnittlauch über das Gemüse geben. Brot dazu essen.

Pro Portion: ca. 300 kcal
E 9 g, F 13 g, KH 32 g
Cholesterin: 0 mg

Wirsing-Apfel-Salat mit Datteln (Foto)

1 kleiner säuerlicher Apfel (z. B. Boskop), 1 TL brauner Zucker, 200 g Wirsing, 1 Möhre, Jodsalz, 2 frische Datteln, 1 EL Pinienkerne, 100 g fettarmer Jogurt, 2 EL Orangensaft, 1 TL Honig, 1 Prise Zimt, Pfeffer

→1 Apfel waschen, in dünne Scheiben schneiden. Zucker in 50 ml Wasser aufkochen. Apfelscheiben ca. 2 Minuten dünsten. Abtropfen lassen. Im leicht geöffneten Backofen bei 120 Grad (Umluft: 100 Grad/Gas: Stufe 2) ca. 1 Stunde trocknen. Abkühlen lassen. Oder: Apfelscheiben frisch verwenden.

→2 Wirsing putzen, in Streifen schneiden, waschen und trockenschütteln. Möhre schälen, mit einem Sparschäler in dünne Streifen schneiden. Wirsing in wenig Salzwasser ca. 5 Minuten garen. Möhrenstreifen 2 Minuten mitgaren. Gemüse abgießen.

→3 Datteln schälen, einschneiden. Kern entfernen, Frucht in Streifen schneiden. Pinienkerne in einer Pfanne ohne Fett anrösten. Jogurt, Orangensaft, Honig und Zimt verrühren. Mit Salz und Pfeffer abschmecken. Wirsing, Möhren, Datteln und Apfelscheiben mit Jogurt-Dressing auf einem Teller anrichten.

Pro Portion: ca. 320 kcal
E 12 g, F 8 g, KH 46 g
Cholesterin: ca. 5 mg

Blumenkohl-Kartoffel-Salat mit Mango

250 g Blumenkohl, 100 g festkochende Kartoffeln, Jodsalz, ½ Mango, 1 EL Haselnüsse, 1 TL brauner Zucker, 1 EL saure Sahne, 2 EL Orangensaft, 1 TL Walnussöl, 1 Prise Currypulver, Pfeffer

→1 Blumenkohl und Kartoffeln waschen. Blumenkohl in Röschen teilen. Kartoffeln ungeschält in Spalten schneiden. Beides getrennt in Salzwasser garen. Mango schälen, Stein entfernen, das Fruchtfleisch in Scheiben schneiden.

→2 Nüsse grob hacken. Zucker in einem Topf erhitzen, bis er flüssig und leicht braun wird. Nüsse darin karamellisieren lassen. Zum Erkalten auf Backpapier geben. Saure Sahne, Orangensaft, Öl und Curry verrühren. Mit Salz und Pfeffer würzen.

→3 Blumenkohl, Kartoffeln und Mango auf einem Teller anrichten. Mit Dressing mischen und mit Nüssen bestreuen.

Pro Portion: ca. 350 kcal
E 8 g, F 14 g, KH 44 g
Cholesterin: ca. 4 mg

Am liebsten **Blattsalate:** Sie liefern jede Menge **Vitalstoffe,** haben nur wenig Kalorien und kurbeln kräftig den Stoffwechsel an. Dadurch verbrennt viel **Fett,** und das Gewicht wird reduziert.

Fenchel-Birnen-Salat mit Ziegenkäse

1 kleine Fenchelknolle,
1 Zucchini, ¼ Eisbergsalat,
1 kleine Birne, 3 TL Limettensaft, 1 TL Sesamöl,
1 EL Weißweinessig, Jodsalz,
Pfeffer, 50 g Ziegenkäse
(z. B. Ziegenkäserolle)

→**1** Fenchel und Zucchini putzen, waschen und halbieren. Beides in lange Streifen schneiden. Eisbergsalat zerteilen, waschen, trockenschütteln und in Streifen schneiden. Birne vierteln, das Kerngehäuse entfernen. ¼ Birne klein schneiden, mit 1 TL Limettensaft pürieren. Restliche Birne in dünne Streifen schneiden. Restlichen Limettensaft darüber träufeln.

→**2** Birnenpüree, Sesamöl und Essig zum Dressing verrühren. Mit Salz und Pfeffer würzen. Eine beschichtete Pfanne ohne Fett stark erhitzen. Ziegenkäse darin von beiden Seiten kurz anbraten, bis er goldbraun wird und anfängt zu zerlaufen.

→**3** Gemüse-, Obststreifen und Salat auf einem Teller anrichten. Ziegenkäse darauf verteilen. Dressing darüberträufeln.

Pro Portion: ca. 350 kcal
E 18 g, F 17 g, KH 27 g
Cholesterin: ca. 23 mg

Rote-Bete-Salat mit Rotkohl und Walnüssen (Foto)

2 kleine Rote Bete, Jodsalz, ¼ kleiner Rotkohl, ½ Radicchio-Salat, 1 rosa Grapefruit, 1 EL Walnusskerne, 1 kleines Stück Ingwer, 1 EL Walnussöl, 1 EL Balsamico-Essig, ½ TL Honig, 1 TL Zitronensaft, Pfeffer

→1 Rote Bete waschen, ca. 10 Minuten in wenig Salzwasser gar kochen. Abkühlen lassen. Schälen (am besten mit Handschuhen – färbt stark!). Rotkohl putzen, fein hobeln. Waschen, gut abtropfen lassen, mit ½ TL Salz mischen, gut durchkneten, 30 Minuten ziehen lassen. Radicchio zerteilen.

→2 Grapefruit so schälen, dass die weiße Haut mit entfernt wird. Fruchtfilets herausschneiden. Saft dabei auffangen. Walnüsse hacken. Ingwer schälen, fein reiben. Ingwer, Öl, Essig, Honig, Zitronen- und Grapefruitsaft verrühren. Würzen.

→3 Rote Bete in dünne Scheiben schneiden, mit Rotkohl, Radicchio, Grapefruit und Dressing gut vermischen. Auf einem Teller mit Nüssen anrichten.

Pro Portion: ca. 340 kcal, E 8 g, F 14 g, KH 37 g, Cholesterin: 0 mg

Sesam-Chicken mit Paprika-Mais-Salat (Foto)

½ rote Paprika, 1 Lauchzwiebel, 3 Zweige glatte Petersilie, 100 g Gemüsemais, 1 EL Balsamico-Essig, 1 TL Honig, 1 TL saure Sahne, Tabasco, Jodsalz, Pfeffer, 100 g Hähnchenbrustfilet, 1 Eiweiß, 1 EL Sesam, 1 TL Öl

→1 Paprika und Lauchzwiebel putzen, abspülen und klein schneiden. Petersilienblätter abzupfen, fein hacken. Mais abtropfen lassen, alles gründlich vermischen.

→2 Essig, Honig und saure Sahne verrühren, mit Tabasco, Salz und Pfeffer würzen. Über den Salat geben, durchrühren und etwas ziehen lassen.

→3 Hähnchen abspülen, trockentupfen. Mit Eiweiß bestreichen, im Sesam wenden. Öl in einer Pfanne erhitzen, Hähnchen darin ca. 10 Minuten goldbraun braten, mit Salz und Pfeffer würzen. Mit dem Salat anrichten.

Pro Portion: ca. 380 kcal
E 32 g, F 14 g, KH 26 g
Cholesterin: ca. 62 mg

Kohlrabi-Rauke-Salat mit Tunfisch

1 Schalotte, 1 kleiner Kohlrabi, 50 g Rauke, 1 Tunfischsteak (100 g), Jodsalz, Pfeffer, 2 TL Olivenöl, 1 EL Balsamico-Essig, 1 EL Apfelsaft, ½ TL Senf, 1 TL flüssiger Honig

→1 Schalotte schälen, fein hacken. Kohlrabi schälen, waschen, in kleine Würfel schneiden. Rauke abspülen, trockenschütteln, grobe Stiele abschneiden. Rauke klein schneiden.

→2 Fisch abspülen, trockentupfen, mit Salz und Pfeffer würzen. 1 TL Öl in einer Pfanne erhitzen, Fisch darin bei starker Hitze von jeder Seite 2–3 Minuten braten, so dass er außen braun, innen noch rosé ist.

→3 Essig, Apfelsaft, Senf, Honig und restliches Öl gründlich verrühren. Kohlrabi, Rauke und Schalotte mischen, mit dem Dressing beträufeln. Salat auf einen Teller geben und mit dem Tunfisch anrichten.

Pro Portion: ca. 370 kcal
E 25 g, F 22 g, KH 12 g
Cholesterin: ca. 60 mg

Gemüse-Sticks mit Walnuss-Dip

je ½ rote und gelbe Paprika, 100 g Salatgurke, 1 Stange Staudensellerie, 100 g Kohlrabi, 1 Möhre, ½ Bund Schnittlauch, 1 EL Walnusskerne, 2 EL Balsamico-Essig, 1 EL Limettensaft, 1 EL Olivenöl, 100 g Dickmilch, Jodsalz, Pfeffer

→1 Gemüse waschen. Paprika entkernen, Sellerie putzen, Kohlrabi und Möhre schälen. Gemüse in längliche, mundgerechte Streifen schneiden. Schnittlauch in dünne Röllchen schneiden.

→2 Nüsse in einer Pfanne ohne Fett rösten, bis sie zu duften anfangen. Grob hacken, abkühlen lassen. 1 EL Nüsse mit Essig und Limettensaft verrühren, mit einem Pürierstab oder im Mixer fein pürieren, dabei tropfenweise Öl zugießen. Dickmilch und Schnittlauch unterrühren. Mit Salz und Pfeffer abschmecken. Restliche Nüsse darüber streuen. Mit den Gemüsestreifen anrichten.

Pro Portion: ca. 300 kcal, E 11 g, F 16 g, KH 22 g, Cholesterin: ca. 6 mg

Zum Einpacken:
Alle Salate lassen sich überall hin mitnehmen. Gemüse, Blattsalat und Obst getrennt vom Dressing bzw. Dip in gut schließenden Dosen verpacken. Erst kurz vor dem Essen anrichten. So bleiben alle Zutaten knackig frisch. Einzige Ausnahme: Nudel- oder Reis-Salate, die können ruhig ein wenig durchziehen.

koch tipp

Spinatsalat mit Schinken (Foto)

2 Eiertomaten, 2 hauchdünne Scheiben Parmaschinken,
1 EL Olivenöl, Pfeffer,
2 TL Zitronensaft,
1 TL brauner Zucker, Jodsalz,
100 g frischer Blattspinat,
2 EL Sprossen, z. B. Radieschen

→1 Tomaten halbieren, mit dem Schinken auf ein Backblech legen, mit 1 TL Öl bestreichen. Bei 180 Grad (Umluft: 160 Grad/Gas: Stufe 3) ca. 20 Minuten garen.

→2 Restliches Öl, Zitronensaft und Zucker mischen. Mit Salz und Pfeffer würzen. Spinat waschen, putzen und trockenschütteln. Mit Tomaten, Schinken und Sprossen mischen. Dressing darüber geben.

Pro Portion: ca. 260 kcal
E 8 g, F 18 g, KH 10 g
Cholesterin: ca. 16 mg

Grüner Salat mit Mozzarella

4 Friséeblätter, je 50 g Rauke und Feldsalat, 100 g Erdbeeren, 50 g Mozzarella, ½ rote Chilischote, 1 EL Pinienkerne,
2 TL Olivenöl, 2 TL Weißweinessig,
½ TL Honig, Jodsalz, Pfeffer

→1 Frisée, Rauke und Feldsalat waschen, putzen und trockenschleudern. Große Salatblätter in mundgerechte Stücke zupfen. Erdbeeren abspülen, putzen und vierteln. Mozzarella abtropfen lassen, halbieren. Chilischote waschen, längs aufschneiden, entkernen und in dünne Streifen schneiden. Pinienkerne in einer Pfanne ohne Fett goldbraun anrösten.

→2 Salat, Erdbeeren und Mozzarella auf einem Teller anrichten. Mit Salz und Pfeffer abschmecken. Dressing über den Salat träufeln.

Pro Portion: ca. 350 kcal
E 14 g, F 25 g, KH 13 g
Cholesterin: ca. 23 mg

Nudel-Rauke-Salat mit Koriander-Birnen (Foto)

40 g Nudeln, z. B. Penne, Jodsalz, 1 kleine Birne, 1 TL Olivenöl, Pfeffer, 1 TL brauner Zucker, ½ TL Koriandersamen, 1 kleine rote Zwiebel, 100 g Salatgurke, 50 g Rauke, 20 g Blauschimmelkäse

→1 Nudeln in kochendem Salzwasser ca. 8 Minuten bissfest garen. Abgießen, kalt abspülen und abtropfen lassen. Birne schälen, halbieren, das Kerngehäuse entfernen. Birne in dünne Spalten schneiden.

→2 Öl in einer Pfanne erhitzen. Pfeffer, Zucker und Koriander darin ca. 1 Minute anrösten. Birne zugeben, ca. 2 Minuten je Seite braten, bis sie goldbraun ist, herausnehmen. Bratfond beiseite stellen,

→3 Zwiebel schälen, in Ringe schneiden. Gurke waschen, in Scheiben schneiden. Rauke putzen, waschen, trockenschütteln. Alles mit Nudeln und Birnen auf einem Teller anrichten. Käse darüber bröckeln. Mit Bratfond beträufeln.

Pro Portion: ca. 380 kcal, E 12 g, F 13 g, KH 40 g, Cholesterin: ca. 50 mg

Tomaten-Melonen-Salat mit Mandeln

¼ Charentais-Melone (250 g),
150 g Cocktail-Tomaten,
1 unbehandelte Orange,
1 EL Mandelblättchen, ¼ Kopf Lollo Rosso, 1 Schalotte,
1 EL Walnussöl, 1 TL Ahornsirup,
Jodsalz, Pfeffer, 5 Minzeblätter

➔1 Melone entkernen, schälen und in Würfel schneiden. Tomaten waschen, halbieren, die Stielansätze herausschneiden.

➔2 Orangen heiß abwaschen, abtrocknen. Schale dünn abreiben, den Saft auspressen. Mandeln in einer beschichteten Pfanne ohne Fett goldbraun rösten. Salat waschen, trockenschütteln und in mundgerechte Stücke zupfen. Schalotte schälen, fein hacken.

➔3 Öl und Ahornsirup gut verrühren, Schalotte zugeben.
Mit Salz, Pfeffer und Orangensaft abschmecken. Melonenstücke, Tomaten und Salat auf einen Teller geben. Dressing darüber träufeln. Mit Mandeln, Orangenschale und Minze anrichten.

Pro Portion: ca. 350 kcal
E 7 g, F 18 g, KH 35 g
Cholesterin: 0 mg

Kalium aus Reis und Aprikosen entwässert den Körper. Das steigert den **Abnehmerfolg** – eine tolle Motivation zum Weitermachen. Wenn der Hunger kommt: 2 EL Reis mit Apfelmus naschen.

Reis-Geflügel-Salat mit Aprikosen-Chili-Soße (Foto)

30 g Basmatireis, Jodalz, 1 TL Honig, 1 EL Sojasauce, 1 Prise Kreuzkümmel, 75 g Putenbrustfilet, ½ rote Chilischote, 1 kleines Stück Ingwer, 100 g Aprikosen, 2 TL Limettensaft, 1 TL Olivenöl, 1 Lauchzwiebel, 50 g Blattsalat

→1 Reis in Salzwasser ca. 15 Minuten garen, abkühlen lassen. Honig und Sojasauce verrühren. Mit Kreuzkümmel würzen. Putenfleisch abspülen, trockentupfen, ca. 30 Minuten darin marinieren.

→2 Chilischote entkernen, in Ringe schneiden. Ingwer schälen, fein reiben. Aprikosen halbieren, entsteinen. Hälfte der Aprikosen, Limettensaft und Ingwer mit dem Pürierstab oder im Mixer pürieren. Chili unterrühren.

→3 Fleisch klein schneiden, in heißem Öl ca. 10 Minuten braten. Übrige Aprikosen und Lauchzwiebel klein schneiden. Salat waschen, trockenschütteln und klein zupfen. Alles auf einem Teller anrichten, mit Aprikosensoße beträufeln.

Pro Portion: ca. 350 kcal, E 23 g, F 8 g, KH 41 g, Cholesterin: ca. 45 mg

Couscous-Linsen-Salat mit Champignons (Foto)

30 g grüne Linsen, Jodsalz, 30 g Couscous, ½ rote Paprika, 2 Lauchzwiebeln, 100 g Champignons, ½ Bund glatte Petersilie, 1 TL Olivenöl, Saft von ½ Limette, 1 TL Senf, 1 kleine Tomate, ½ rote Chilischote, Pfeffer

→1 Linsen in ein Sieb geben, abspülen, in kochendem Salzwasser ca. 10 Minuten garen. Couscous in eine Schale geben, mit 75 ml kochendem Wasser verrühren, ca. 8 Minuten ausquellen lassen.

→2 Paprika waschen, entkernen und würfeln. Lauchzwiebeln putzen, in Ringe schneiden. Pilze trocken abreiben, in dünne Scheiben schneiden. Petersilienblätter von den Stielen zupfen, fein hacken.

→3 Öl, Limettensaft und Senf verrühren. Tomate und Chili waschen, Chili entkernen, beides würfeln. Zum Dressing geben, mit Salz und Pfeffer abschmecken. Linsen, Couscous, Paprika, Lauchzwiebeln, Pilze und Petersilie auf einem Teller anrichten, Dressing darüber träufeln.

Pro Portion: ca. 330 kcal
E 16 g, F 8 g, KH 15 g
Cholesterin: 0 mg

Reissalat mit grünem Spargel und Paprika

30 g Naturreis, Jodsalz, 1 kleine rote Zwiebel, 1 rote Paprika, 300 g grüner Spargel, 2 TL Olivenöl, Saft von ½ Zitrone, Pfeffer, 1 Messerspitze Sambal oelek, 3 Zweige glatte Petersilie, 5 Salatblätter, z. B. Frisée

→1 Reis in Salzwasser ca. 35 Minuten gar kochen. Abgießen und abkühlen lassen. Zwiebel schälen, fein hacken. Paprika waschen, halbieren und entkernen, in kleine Würfel schneiden. Spargel putzen, die holzigen Enden abschneiden, in mundgerechte Stücke schneiden. 1 TL Öl in einer Pfanne erhitzen. Zwiebel und Gemüse darin ca. 5 Minuten dünsten, dabei gelegentlich umrühren. Mit Salz und Pfeffer würzen. Unter den Reis mischen.

→2 Zitronensaft, Sambal oelek und restliches Öl verrühren. Mit Salz und Pfeffer abschmecken. Über den Reissalat träufeln, mischen und etwas ziehen lassen. Petersilie von den Stielen zupfen und fein hacken. Blattsalat waschen, trockenschleudern und in mundgerechte Stücke zupfen. Beides zum Schluss unter den Salat heben und sofort servieren.

Pro Portion: ca. 340 kcal
E 12 g, F 13 g, KH 38 g
Cholesterin: 0 mg

Blattsalat mit Oregano-Croûtons (Foto)

100 g Blattsalat (z. B. Radicchio, Frisée, Chicorée, Feldsalat), 1 EL Balsamico-Essig, 1 EL Apfelsaft, ½ TL Senf, ½ TL Honig, 1 EL Olivenöl, Jodsalz, Pfeffer, 1 Scheibe Vollkorn-Toast, 4 Zweige Oregano

→1 Salate waschen, putzen, trockenschütteln. Klein zupfen. Vom Chicorée die äußeren Blätter entfernen, den harten Strunk heraustrennen, Blätter klein schneiden.

→2 Essig, Apfelsaft, Senf, Honig und die Hälfte vom Öl verrühren, würzen. Toast würfeln. Restliches Öl erhitzen, Toast darin goldbraun braten, Oregano zugeben. Salate, Soße und Croûtons mischen.

Pro Portion: ca. 280 kcal
E 5 g, F 14 g, KH 30 g
Cholesterin: 0 mg

Melonen-Mozzarella-Salat mit Chili

150 g Honigmelone, 65 g Mozzarella, ½ Bund Basilikum, ½ rote Chilischote, 2 EL Limettensaft, 1 TL brauner Zucker, 1 EL Olivenöl, Jodsalz, Pfeffer, 100 g Blattsalat, z. B. Frisée

→1 Melone schälen, der Länge nach halbieren und mit einem Löffel die Kerne entfernen. Mozzarella abtropfen lassen. Beides in dünne Scheiben schneiden. Basilikum waschen, trockenschütteln und Blätter von den Stielen zupfen. Chilischote entkernen, in Ringe schneiden.

→2 Limettensaft und Zucker verrühren, bis sich der Zucker gelöst hat. Öl darunterschlagen. Mit Salz und Pfeffer abschmecken.

→3 Salat waschen, trockenschütteln, in mundgerechte Stücke zupfen. Auf einem Teller verteilen. Melone und Mozzarella darauf verteilen. Chili und Basilikum darüber streuen. Mit Dressing beträufeln.

Pro Portion: ca. 370 kcal
E 15 g, F 23 g, KH 21 g
Cholesterin: ca. 29 mg

Italienischer Bohnensalat (Foto)

½ Dose (210 g) weiße Bohnen, 3 Cocktail-Tomaten, 3 Radieschen, 1 Schalotte, 3 Zweige glatte Petersilie, 1 EL Balsamico-Essig, 1 TL brauner Zucker, 1 TL Olivenöl, Jodsalz, Pfeffer, ½ Kopf Römersalat

→1 Bohnen abspülen, abtropfen lassen. Tomaten und Radieschen abspülen, putzen und klein schneiden. Schalotte schälen, fein hacken. Petersilienblätter von den Stielen zupfen, Blätter fein hacken.

→2 Essig, Zucker und Öl verrühren, Schlotte und Petersilie untermischen. Mit Salz und Pfeffer würzen. Bohnen, Tomaten und Radieschen in einer Schale anrichten. Dressing darüber träufeln.

Pro Portion: ca. 260 kcal, E 12 g, F 7 g, KH 32 g, Cholesterin: 0 mg

Radicchio mit Kartoffeln und Räucherlachs

1 TL Pinienkerne, 150 g Kartoffeln, Jodsalz, 5 EL Gemüsebrühe (Instant), 20 g Pecorinokäse, je 4 Zweige glatte Petersilie und Basilikum, 1 TL Olivenöl, Pfeffer, 5 Blätter Radicchio, 5 Radieschen, 1 Scheibe Räucherlachs

→1 Pinienkerne in einer Pfanne ohne Fett anrösten, bis sie goldbraun sind. Beiseite stellen. Kartoffeln unter fließendem Wasser abbürsten, mit Schale in ca. 20 Minuten gar kochen. Kartoffeln pellen, in Scheiben schneiden, salzen. Mit 2 EL heißer Brühe übergießen, zugedeckt ziehen lassen.

→2 Pecorinokäse reiben. Petersilien- und Basilikumblättchen von den Stielen zupfen, mit Pinienkernen im Mörser zerstoßen oder im Mixer pürieren. Nach und nach restliche Brühe, Öl und Pecorino unterrühren, mit Salz und Pfeffer abschmecken. Salat und Radieschen waschen und putzen. Radieschen hacken. Mit Salat und Kartoffeln auf einem Teller verteilen, mit Pesto und Lachs anrichten.

Pro Portion: ca. 370 kcal, E 18 g, F 18 g, KH 30 g, Cholesterin: ca. 23 mg

Feldsalat mit Pilzen und Walnuss-Dressing

75 g Feldsalat, 75 g rosé Champignons, 1 Schalotte, ½ Bund Radieschen, 2 kleine Tomaten, 1 EL Walnussöl, 2 EL Balsamico-Essig, 1 TL Honig, Jodsalz, Pfeffer, ½ Bund glatte Petersilie, 2 EL Walnusskerne

→1 Feldsalat waschen, trockenschütteln, putzen. Pilze mit einem Tuch abreiben, halbieren. Schalotte schälen, fein hacken. Radieschen und Tomaten waschen, beides in kleine Würfel schneiden.

→2 1 TL Öl, Essig und Honig verrühren, mit Salz und Pfeffer abschmecken. Restliches Öl in einer Pfanne erhitzen, Schalotte darin andünsten, Pilze zugeben und kurz anbraten.

→3 Petersilie waschen, trockenschütteln, Blätter von den Stielen zupfen und fein hacken. Walnüsse grob hacken. Salat, Radieschen und Tomaten mischen. Pilze auf dem Salat anrichten, mit Dressing beträufeln, Petersilie und Nüsse darüber streuen.

Pro Portion: ca. 290 kcal
E 9 g, F 17 g, KH 20 g
Cholesterin: 0 mg

Die Mischung macht's. Für alle Dressing-Fans, die nicht genug bekommen. Menge mit Fruchtsaft oder **Brühe** verlängern. Das bringt viel Geschmack und hat wenig **Kalorien.**

Hähnchen-Gemüse-Salat mit Brunnenkresse (Foto)

100 ml Gemüsebrühe (Instant), 200 g grüner Spargel, 120 g Hähnchenfilet, 1 Knoblauchzehe, ½ rote Chilischote, 1 TL Olivenöl, 1 EL Essig, 1 EL Limettensaft, 2 TL brauner Zucker, 5 Radieschen, 5 Cocktail-Tomaten, 1 Bund Brunnenkresse

→1 Brühe zum Kochen bringen. Spargel abspülen, holzige Enden abschneiden. In der Brühe ca. 5 Minuten bissfest garen. Herausnehmen, beiseite stellen. Brühe aufbewahren. Hähnchenfleisch abspülen, in die Brühe geben und ca. 10 Minuten darin garen. Herausnehmen, abkühlen lassen.

→2 Knoblauch schälen, fein hacken. Chilischote entkernen und in Ringe schneiden. Öl erhitzen, Knoblauch darin anrösten. Mit Essig und Limettensaft ablöschen, Zucker unterrühren. Vom Herd nehmen, Chili zugeben, abkühlen lassen.

→2 Radieschen und Tomaten putzen, klein schneiden. Brunnenkresse von den Stielen zupfen. Hähnchenfleisch klein schneiden. Alles zusammen mit dem Spargel auf einem Teller verteilen, mit dem Dressing beträufeln.

Pro Portion: ca. 300 kcal, E 32 g, F 8 g, KH 18 g, Cholesterin: ca. 72 mg

Fenchel-Salat mit Beeren (Foto)

75 g rote Johannisbeeren, 1 TL brauner Zucker, 1 Fenchelknolle, ½ gelbe Paprika, 50 g Schafskäse, 1 EL Himbeersirup, 1 EL Balsamico-Essig, 1 EL Olivenöl, Jodsalz, Pfeffer, 1 Zweig frischer Thymian

→1 Johannisbeeren abspülen, von den Rispen streifen, verlesen. Mit Zucker mischen, ca. 30 Minuten ziehen lassen. Fenchel putzen, äußere Blätter entfernen. Knolle halbieren und in dünne Scheiben hobeln. Paprika putzen, entkernen und in dünne Streifen schneiden.

→2 Schafskäse würfeln. Mit Fenchel, Paprika und Johannisbeeren vorsichtig in einer Schüssel mischen. Himbeersirup, Essig und Öl verrühren, mit Salz und Pfeffer abschmecken. Über den Salat träufeln. Thymian waschen, trocken schütteln und die Blättchen abzupfen. Über den Salat streuen.

Pro Portion: ca. 360 kcal
E 12 g, F 20 g, KH 28 g
Cholesterin: ca. 24 mg

Reissalat mit Tomaten und Schafskäse

30 g Naturreis, Jodsalz, 2 Tomaten, ½ gelbe Paprika, 100 g Salatgurke, 40 g Schafskäse, ½ Bund Schnittlauch, 150 g fettarmer Jogurt, 1 EL Limettensaft, ½ TL Ahornsirup, Pfeffer

→1 Reis in ein Sieb geben, abspülen. In der doppelten Menge Salzwasser ca. 35 Minuten gar kochen. Abgießen und abkühlen lassen.

→2 Gemüse waschen. Tomaten halbieren, den Stielansatz herausschneiden. Paprika entkernen und würfeln. Gurke längs halbieren und in Scheiben schneiden. Schafskäse würfeln. Schnittlauch waschen, trockenschütteln und in Röllchen schneiden

→3 Jogurt, Limettensaft und Ahornsirup verrühren, Schnittlauch unterrühren, mit Salz und Pfeffer abschmecken. Gemüse und Reis in eine Schüssel geben, Dressing darüber gießen, alles gut durchmischen, evtl. nochmals abschmecken.

Pro Portion: ca. 360 kcal
E 17 g, F 11 g, KH 42 g
Cholesterin: ca. 31 mg

Nudelsalat mit Rauke und Oliven

40 g Nudeln, z. B. Muscheln, Jodsalz, 3 Tomaten, 50 g Rauke, 6 schwarze Oliven ohne Stein, 1 Knoblauchzehe, 1 EL Balsamico-Essig, 1 TL brauner Zucker, 1 TL Olivenöl, Pfeffer, 10 g Parmesankäse

→1 Nudeln in reichlich sprudelnd kochendem Salzwasser ca. 8 Minuten gar kochen. Abgießen und kalt abspülen.

→2 Tomaten waschen, halbieren, den grünen Stielansatz herausschneiden und würfeln. Rauke abspülen, trockenschütteln, die dicken Stielansätze abschneiden und grob hacken. Oliven fein würfeln.

→3 Knoblauch schälen, fein hacken. Mit Essig, Zucker und dem Öl verrühren. Mit Salz und Pfeffer abschmecken. Nudeln, Tomaten, Rauke und Oliven in einer Schüssel mischen. Dressing darüber träufeln und unterrühren. Parmesankäse darüber hobeln.

Pro Portion: ca. 350 kcal
E 11 g, F 4 g, KH 40 g
Cholesterin: ca. 44 mg

Scampi-Kartoffel-Salat mit Senf-Dressing

200 g Kartoffeln, 1 TL Olivenöl, 4 Scampi (100 g), Jodsalz, Pfeffer, 1 Schalotte, 2 EL Apfelessig, 1 TL Dijon-Senf, 50 ml Gemüsebrühe (Instant), 50 g Feldsalat

→1 Kartoffeln abbürsten, mit Schale ca. 25 Minuten garen. Abgießen, kalt abspülen und pellen. Öl in einer Pfanne erhitzen, Scampi darin ca. 5 Minuten braten, herausnehmen, mit Salz und Pfeffer würzen.

→2 Schalotte schälen, fein hacken, im Bratfett andünsten, mit Essig ablöschen. Senf und Brühe unterrühren, mit Salz und Pfeffer würzen. Kartoffeln in Scheiben schneiden und in die Marinade geben.

→3 Feldsalat waschen, trockenschütteln und putzen. Auf einem Teller verteilen. Mit Kartoffeln und Scampi anrichten.

Pro Portion: ca. 370 kcal
E 24 g, F 8 g, KH 40 g
Cholesterin: ca. 160 mg

Eichblattsalat mit Sellerie und Orange (Foto)

100 g Knollensellerie, 1 kleine Orange, 100 g Blattsalat, z. B. Eichblattsalat, 4 Stiele frischer Thymian, 1 EL Walnusskerne, 1 EL Balsamico-Essig, 1 TL Dijon-Senf, 1 TL Honig, 1 EL Walnussöl, Jodsalz, Pfeffer

→1 Sellerie schälen, in feine Streifen schneiden oder grob raspeln. Orange dick schälen, so dass die weiße Haut mit entfernt wird. Orange in Scheiben schneiden. Saft auffangen und mit dem Sellerie mischen. Salat zerteilen, waschen, trockenschütteln, in mundgerechte Stücke zupfen.

→2 Thymian abspülen, trockenschütteln, die Blättchen abzupfen. Nüsse in einer Pfanne ohne Fett anrösten, bis sie zu duften anfangen. Abkühlen lassen und grob hacken. Essig, Senf, Honig und Öl verrühren, mit Salz und Pfeffer würzen. Thymian und Nüsse zugeben. Salat mit Sellerie, Orangen und Dressing auf einem Teller anrichten.

Pro Portion: ca. 250 kcal, E 5 g, F 14 g, KH 20 g, Cholesterin: 0 mg

mittags: sandwiches

Von der Hand in den Mund. Fantasievoll belegte Kraftpakete, die mit reichlich Kohlenhydraten lang anhaltende Energie liefern

Gemüsetasche mit Minz-Jogurt

1 Schalotte, 1 Stange Staudensellerie, je ½ gelbe und rote Paprika, ¼ Kohlrabi, Saft von ½ Zitrone, Jodsalz, Pfeffer, 1 EL Sonnenblumenöl, 75 g fettarmer Jogurt, 1 TL Honig, 1 Zweig frische Minze, 1 Vollkorn-Pitabrot

→1 Schalotte schälen, fein hacken. Gemüse waschen und abtropfen lassen. Sellerie putzen, Paprika entkernen, Kohlrabi schälen. Alles in schmale Stifte schneiden. Mit der Hälfte des Zitronensaftes, Salz, Pfeffer und Öl vermischen, ca. 15 Minuten marinieren.

→2 Jogurt, Honig und restlichen Zitronensaft verrühren. Minze abspülen, trockenschütteln, Blättchen von den Stielen zupfen und fein hacken. Unter den Jogurt rühren, mit Salz und Pfeffer abschmecken.

→3 Pitabrot waagerecht auf-(nicht durch-)schneiden, so dass eine Tasche entsteht. Gemüse hineinfüllen, mit Jogurt-Dip anrichten.

Pro Portion: ca. 350 kcal
E 10 g, F 14 g, KH 40 g
Cholesterin: ca. 4 mg

Sandwich mit Sambal-Huhn und Sprossen (Foto)

2 Salbeiblätter, ¼ TL Sambal oelek, 1 TL Honig, 100 g Hähnchenbrustfilet, Jodsalz, Pfeffer, 3 Salatblätter, 2 Radieschen, 100 g Gurke, 1 EL Sprossen, 1 EL Magerquark, 2 EL fettarme Milch, 1 TL Senf, 1 Scheibe Vollkornbrot

→1 Salbeiblätter hacken, mit Sambal oelek und Honig verrühren. Hähnchenfilet abspülen, trockentupfen, in der Marinade ziehen lassen. Fleisch in einer beschichteten Pfanne bei mittlerer Hitze braten, mit Salz und evtl. Pfeffer würzen, abkühlen lassen.

→2 Salatblätter waschen, trockenschütteln. Radieschen und Gurke abspülen, putzen und in Scheiben schneiden. Sprossen abspülen und abtropfen lassen.

→3 Quark, Milch und Senf glattrühren, mit Salz und Pfeffer abschmecken. Brot damit bestreichen. Mit Salatblättern und Radieschen belegen. Hähnchenfleisch in Scheiben schneiden und darauf verteilen. Mit Sprossen bestreuen.

Pro Portion: ca. 300 kcal
E 34 g, F 3 g, KH 28 g
Cholesterin: ca. 62 mg

Avocado-Tomaten-Sandwich

½ Avocado, 2 TL Limettensaft, 4 Cocktail-Tomaten, 50 g Sprossen, z. B. Radieschensprossen, einige Stiele Rauke, 2 dünne Scheiben Vollkornbrot, 2 TL fettarmer Kräuterquark, Jodsalz, Pfeffer

→1 Avocado schälen, den Kern entfernen und in Spalten schneiden. Mit Limettensaft beträufeln. Tomaten waschen, halbieren, die grünen Stielansätze herausschneiden. In Scheiben schneiden. Sprossen in einem Sieb abspülen, abtropfen lassen. Rauke waschen, trockenschütteln, die harten Stiele abschneiden.

→2 Beide Brotscheiben dünn mit Kräuterquark bestreichen, eine Scheibe mit Avocado und Tomaten belegen, mit Salz und Pfeffer würzen. Sprossen und Rauke darüber streuen. Die zweite Brotscheibe darauf legen. Diagonal durchschneiden.

Pro Portion: ca. 380 kcal
E 12 g, F 21 g, KH 30 g
Cholesterin: 0 mg

Schinken-Sandwich mit Äpfeln (Foto)

20 g Feldsalat, ½ Apfel,
2 kleine Scheiben Vollkornbrot,
2 TL fettreduzierter Frischkäse,
2 dünne Scheiben Parma-schinken ohne Fettrand, Pfeffer

→1 Salat waschen, putzen und trockenschütteln. Apfel vierteln, das Kerngehäuse entfernen, in Spalten schneiden.

→2 Brotscheiben leicht anrösten, mit Frischkäse bestreichen. Mit Schinken, Apfelspalten und Feldsalat belegen. Etwas groben Pfeffer darüber mahlen.

Pro Portion: ca. 250 kcal
E 11 g, F 10 g, KH 26 g
Cholesterin: ca. 24 mg

Sandwich mit Birnen und Ziegenkäse

60 g Ziegenkäse (z. B. Ziegen-käserolle, 45% Fett), ½ Birne,
1 TL Zitronensaft, einige Blätter Friséesalat, 1 TL Honig,
1 TL Senf, Jodsalz, Pfeffer,
2 Scheiben Vollkorn-Toast,
½ Päckchen Gartenkresse

→1 Käse in dünne Scheiben schneiden. Birne waschen, das Kerngehäuse entfernen, Birne in Scheiben schneiden. Mit Zitronensaft beträufeln. Salat waschen und trockenschütteln.

→2 Honig und Senf verrühren, mit Salz und Pfeffer abschmecken. Toast rösten. Eine Scheibe mit Salat, Apfel- und Käsescheiben belegen, Dressing darüber träufeln, mit Kresse bestreuen. Zweiten Toast darauf legen. Durchschneiden.

Pro Portion: ca. 350 kcal
E 18 g, F 14 g, KH 33 g
Cholesterin: ca. 28 mg

Toast mit Putenbrust und gebratener Feige (Foto)

2 EL Magerquark, 2 EL Mineralwasser, 1 TL Zitronensaft, 1 Prise brauner Zucker, Jodsalz, Pfeffer, 100 g Putenbrustfilet, 1 Feige, 1 TL Olivenöl, 1 Handvoll Rauke, 1 Scheibe Vollkorn-Toast

→1 Quark und Mineralwasser glattrühren. Mit Zitronensaft, Zucker, Salz und Pfeffer abschmecken.

→2 Putenbrust abspülen, trockentupfen. Feige waschen, abtrocknen und vierteln. Öl in einer Pfanne erhitzen. Fleisch darin von beiden Seiten ca. 5 Minuten goldbraun braten, mit Salz und Pfeffer würzen. Feige zugeben, kurz mitbraten.

→3 Rauke waschen, trockenschütteln, die unteren Stiele abschneiden. Toast rösten, mit Putenbrust, Feigenstücken und Rauke belegen. Quark darauf anrichten.

Pro Portion: ca. 350 kcal, E 35 g, F 7 g, KH 30 g, Cholesterin: ca. 60 mg

Tomaten-Mozzarella-Sandwich (Foto)

4 Cocktail-Tomaten,
1 Stück (65 g) Mozzarella,
2 Zweige frisches Basilikum,
1 Scheibe Vollkornbrot,
Jodsalz, Pfeffer, 1 TL fertiges Pesto (aus dem Glas)

→1 Tomaten waschen, abtrocknen. Mozzarella abtropfen lassen. Beides in Scheiben schneiden. Basilikum abspülen, trockenschütteln, Blättchen von den Stielen zupfen.

→2 Brot von beiden Seiten anrösten. Mit Pesto bestreichen, mit Tomaten und Mozzarella belegen. Basilikum darüber streuen. Oder alles mit Hilfe eines Holzspießes zu einem Turm zusammenstecken.

Pro Portion: ca. 330 kcal
E 17 g, F 19 g, KH 17 g
Cholesterin: ca. 46 mg

Ciabatta-Burger mit Fenchel und Paprika

½ kleine Fenchelknolle,
1 rote Paprika, 1 Lauchzwiebel,
50 g frische Spinatblätter,
1 TL Olivenöl, Jodsalz, Pfeffer,
je 2 Zweige glatte Petersilie und Basilikum, 100 g fettarmer Jogurt,
1 Vollkorn-Ciabattabrötchen

→1 Fenchel, Paprika und Lauchzwiebel waschen und halbieren. Strunk vom Fenchel herausschneiden, Paprika entkernen. Lauchzwiebel putzen. Alles in dünne Spalten schneiden. Spinat waschen, trockenschütteln und putzen.

→2 Öl in einer Pfanne erhitzen, Gemüse kurz darin andünsten. Mit Salz und Pfeffer abschmecken. Kräuter waschen, trockenschütteln, unter den Jogurt rühren, mit Salz und Pfeffer abschmecken.

→3 In das Brötchen eine Tasche schneiden. Warmes Gemüse einfüllen. Mit Jogurtsoße anrichten.

Pro Portion: ca. 340 kcal
E 13 g, F 8 g, KH 48 g
Cholesterin: ca. 5 mg

Puten-Sandwich mit Gemüse (Foto)

1 kleine Zucchini, ½ Aubergine, 1 TL Olivenöl, Jodsalz, Pfeffer, 30 g Mozzarella, ½ Bund Schnittlauch, ½ TL Senf, ½ TL Senfkörner, 50 g fettarmer Jogurt, 2 Scheiben Vollkorn-Toast, 1 Scheibe geräucherte Putenbrust

→1 Zucchini und Aubergine waschen, putzen, in dünne Scheiben schneiden. Öl in einer Pfanne erhitzen. Gemüse darin von beiden Seiten kurz anbraten, bis es knusprig und braun ist. Mit Salz und Pfeffer würzen.

→2 Mozzarella abtropfen lassen, in dünne Scheiben schneiden. Schnittlauch waschen, trockenschütteln und in Röllchen schneiden. Mit Senf und zerdrückten Senfkörnern unter den Jogurt rühren. Mit Salz und Pfeffer abschmecken.

→3 Toast rösten. Eine Scheibe mit der Hälfte des Jogurts bestreichen, Gemüse, Putenbrust und Mozzarella darauf verteilen. Mit restlichem Jogurt beträufeln. Zweiten Toast darauf legen und das Sandwich diagonal durchschneiden.

Pro Portion: ca. 360 kcal, E 17 g, F 16 g, KH 30 g, Cholesterin: ca. 28 mg

Pumpernickel-Würfel mit Gewürzgurke

½ rote Paprika, 2 kleine Gewürzgurken, 5 schwarze Oliven, 75 g körniger Frischkäse, 1 EL Ziegenfrischkäse, Jodsalz, Pfeffer, 2 kleine Scheiben Pumpernickel, ½ Päckchen Gartenkresse

→1 Paprika waschen und entkernen. Gurken und Oliven abtropfen lassen. Alles in kleine Würfel schneiden.

→2 Beide Frischkäsesorten miteinander verrühren, mit Salz und Pfeffer abschmecken. 1 Scheibe Brot damit bestreichen, mit Paprika, Gurken und Oliven belegen. Kresse darüber streuen. 2. Scheibe Pumpernickel darauf legen. In Würfel schneiden. Mit Holzstäbchen feststecken.

Pro Portion: ca. 270 kcal
E 17 g, F 9 g, KH 24 g
Cholesterin: ca. 16 mg

Kraftvoll zubeißen: **Vollkornbrot** enthält reichlich B-Vitamine. Diese stärken die **Nerven** und liefern jede Menge Power für **Konzentration** und Kreativität.

Wrap mit Frischkäse, Rettich und Rauke (Foto)

1 Bund Radieschen, 150 g Salatgurke, 100 g Rettich, 100 g Rauke, 40 g Alfalfa-Sprossen, Jodsalz, Pfeffer, 100 g fettarmer Frischkäse, 2 TL Senf, 2 TL Sojasauce, 2 Tortilla-Fladen

→1 Radieschen und Gurke waschen. Radieschen in hauchdünne Scheiben hobeln. Gurke halbieren und in Scheiben schneiden. Rettich schälen, grob raspeln. Rauke waschen, trockenschütteln und harte Stiele abschneiden. Sprossen in ein Sieb geben, abspülen und abtropfen lassen. Gemüse und Sprossen mischen, mit Salz und Pfeffer würzen.

→2 Frischkäse, Senf und Sojasauce glattrühren, mit Salz und Pfeffer abschmecken. Beide Fladen in einer Pfanne ohne Fett von beiden Seiten kurz erwärmen, jeweils mit Frischkäse bestreichen und mit der Gemüsemischung füllen. Aufrollen.

Pro Portion: ca. 320 kcal, E 25 g, F 3 g, KH 42 g, Cholesterin: ca. 1 mg

Gemüse-Sandwich mit Quarkcreme (Foto)

2 EL Magerquark, 2 EL Mineralwasser, ½ TL Meerrettich, 1 Prise brauner Zucker, Salz, Pfeffer, einige Stiele Rauke, ¼ Salatgurke, 1 Tomate, 2 Radieschen, 1 Lauchzwiebel, 2 dünne Scheiben Vollkornbrot

→1 Quark und Mineralwasser glattrühren. Mit Meerrettich, Zucker, Salz und Pfeffer abschmecken.

→2 Rauke waschen, trockenschütteln, die harten Stiele abschneiden. Gemüse waschen, putzen und in dünne Scheiben schneiden.

→3 Brot mit Quarkcreme bestreichen. Mit Gemüse belegen und zusammenklappen.

Pro Portion: ca. 210 kcal
E 13 g, F 1 g, KH 32 g
Cholesterin: 0 mg

Schinken-Tramezzini

2 kleine Scheiben Vollkornbrot, 3 TL Senf, 1 Tomate, 20 g Alfalfa-Sprossen, 2 Scheiben Parmaschinken, Pfeffer, 1 Scheibe Pumpernickel

→1 Die beiden Vollkornbrotscheiben gleichmäßig mit Senf bestreichen. Tomate waschen, halbieren, den Stielansatz herausschneiden. Tomate in sehr dünne Scheiben schneiden. Sprossen waschen und gut abtropfen lassen.

→2 Untere Scheibe Vollkornbrot mit Parmaschinken belegen. Pumpernickel darüber legen. Tomatenscheiben und Sprossen auf dem Pumpernickel verteilen. Mit Pfeffer würzen. Zweite Scheibe Vollkornbrot mit der Senfseite auf die Sprossen legen und festdrücken. Tramezzini diagonal halbieren.

Pro Portion: ca. 370 kcal
E 15 g, F 11 g, KH 46 g
Cholesterin: ca. 24 mg

Sesam-Bagel mit Erdbeeren und Putenbrust (Foto)

1 EL Magerquark, 2 EL fettarme Milch, 2 Stiele Basilikum, Jodsalz, Pfeffer, 50 g Rauke, 100 g Erdbeeren, 1 Sesam-Bagel (ersatzweise 1 Brötchen), 50 g Putenbrust-Aufschnitt

➔1 Quark und Milch glattrühren. Basilikum waschen, Blättchen von den Stielen zupfen und fein hacken. In den Quark rühren, mit Salz und Pfeffer abschmecken.

➔2 Rauke und Erdbeeren waschen. Von der Rauke die unteren Stiele abschneiden, grob hacken. Erdbeeren putzen, in feine Scheiben schneiden.

➔3 Bagel aufschneiden. Beide Hälften mit Basilikum-Quark bestreichen. Untere Bagel-Hälfte mit etwas Rauke und Erdbeeren belegen, Putenbrust darauf verteilen, restliche Rauke und Erdbeeren darauf legen. Obere Bagel-Hälfte darauf setzen.

Pro Portion: ca. 310 kcal, E 21 g, F 10 g, KH 27 g Cholesterin: ca. 41 mg

Knackiger Knäcke-Burger (Foto)

100 g Salatgurke, 4 Radieschen, 1 EL Sprossen (z. B. Alfalfa), 1 TL fertiges Pesto (aus dem Glas), 1 EL Magerquark, 3 Scheiben Vollkorn-Knäcke, 1 Scheibe Emmentaler (45% Fett)

→1 Gurke und Radieschen waschen, putzen, in dünne Scheiben schneiden. Sprossen in ein Sieb geben, kalt abspülen und abtropfen lassen.

→2 Pesto und Quark glattrühren. Knäckebrote dünn mit Pesto-Quark bestreichen. Jedes Knäcke gleichmäßig mit Gurken- und Radieschenscheiben sowie Käse belegen. Sprossen darüber streuen. Alle Brote übereinander stapeln. Essen lässt es sich besser schichtweise.

Pro Portion: ca. 330 kcal
E 18 g, F 12 g, KH 32 g
Cholesterin: ca. 31 mg

Vollkornbrötchen mit pikanter Tomatensalsa

2 Tomaten, ½ rote Paprika, 2 getrocknete Tomaten, 5 schwarze Oliven, 2 Stiele glatte Petersilie, 1 TL Balsamico-Essig, Jodsalz, Pfeffer, Chili, 1 Vollkornbrötchen, 30 g Tunfisch (ohne Öl/Dose) oder 1 Scheibe Gouda (45% Fett)

→1 Tomaten waschen, halbieren, den grünen Stielansatz herausschneiden. Paprika waschen, entkernen. Beides mit getrockneten Tomaten und Oliven in feine Würfel schneiden. Petersilie abspülen, trockenschütteln, fein hacken.

→2 Alles mischen, Essig unterrühren. Mit Salz, Pfeffer und Chili abschmecken. Brötchen aufschneiden. Die untere Hälfte mit Tunfisch oder Käse belegen und die Salsa darauf verteilen. Obere Brötchenhälfte darauf legen.

Pro Portion: ca. 320 kcal
E 12 g, F 15 g, KH 27 g
Cholesterin: ca. 16 g

mittags: süßspeisen

Fruchtig und cremig, einfach superlecker für alle Süßmäuler. Schmecken warm oder kalt und lassen erst gar keinen Heißhunger auf Schokolade aufkommen

Marinierte Erdbeeren auf Mandel-Milchreis

1 EL brauner Zucker, 1 TL Balsamico-Essig, Saft und Schale von 1 unbehandelten Orange, 200 g Erdbeeren, 1 EL gehackte Mandeln, 150 ml fettarme Milch, 35 g Vollkorn-Milchreis, 1 Zweig Zitronenmelisse oder Minze

→1 ½ EL Zucker in einem Topf schmelzen bis er karamellisiert. Mit Essig und Orangensaft ablöschen. Orangenschale in feine Streifen schneiden und zugeben. Alles bei starker Hitze zu einer sirupartigen Masse einkochen, danach etwas abkühlen lassen.

→2 Erdbeeren waschen, abtropfen lassen, putzen und je nach Größe halbieren oder vierteln. In die Orangenmarinade geben und ziehen lassen, bis der Reis gar ist.

→3 Mandeln in einer Pfanne ohne Fett anrösten, bis sie zu duften anfangen. Beiseite stellen. Milch und Reis in den Topf geben und aufkochen. Hitze reduzieren. Mit geschlossenem Deckel ca. 15 Minuten kochen lassen. Herd ausschalten, Reis weitere 10 Minuten quellen lassen. Zwischendurch mehrmals umrühren. Restlichen Zucker mit Mandeln unterrühren, Reis in ein Schälchen füllen, mit Erdbeeren und Zitronenmelisse anrichten.

Pro Portion: ca. 330 kcal
E 10 g, F 11 g, KH 45 g
Cholesterin: ca. 11 mg

Limetten-Kokos-Reis mit Grapefruit (Foto)

40 g Naturreis, Saft und Schale von 1 unbehandelten Limette, 100 ml Apfelsaft, 1 TL Kokosflocken, 50 ml fettarme Milch, 1 Prise gemahlener Zimt, 2 Kiwis, 1 rosa Grapefruit, 1 EL fettarmer Jogurt

→1 Reis, 75 ml Wasser, Limettenschale, -saft und Apfelsaft in einen Topf geben, aufkochen und ca. 30 Minuten ausquellen lassen.

→2 Kokosflocken in einer Pfanne ohne Fett anrösten, bis sie zu duften anfangen. Kokos, Milch und Zimt zum Reis geben, unter Rühren ca. 3 Minuten einkochen lassen.

→3 Kiwis schälen, in Stücke schneiden. Grapefruit so dick schälen, dass die weiße Haut mitentfernt wird. Fruchtfilets heraustrennen. Reis mit Früchten und Jogurt anrichten.

Pro Portion: ca. 370 kcal
E 7 g, F 5 g, KH 65 g
Cholesterin: ca. 3 mg

Grießpudding mit Obstsalat

170 ml fettarme Milch, 1 EL brauner Zucker, Schale von ½ unbehandelten Zitrone, 1 Prise Salz, 1 Messerspitze Butter, 20 g Weizengrieß, 1 Eiweiß, 100 g Himbeeren, 1 Nektarine, Saft von ½ Zitrone, 1 TL Honig

→1 Milch, Zucker, Zitronenschale, Salz und Butter in einem Topf aufkochen. Herdplatte abschalten, Grieß unter Rühren hineinstreuen und ca. 5 Minuten ausquellen lassen. Eiweiß steif schlagen und unter den Grieß ziehen.

→2 Himbeeren waschen und verlesen. Nektarine abspülen, halbieren und den Kern entfernen. In Spalten schneiden. Zitronensaft und Honig verrühren und über die Früchte geben. Etwas ziehen lassen. Grieß in eine Schüssel geben, Früchte darauf anrichten.

Pro Portion: ca. 360 kcal
E 10 g, F 3 g, KH 67 g
Cholesterin: ca. 16 mg

Vanille-Reis mit Kirsch-Kompott

150 ml fettarme Milch, ½ Vanilleschote, 35 g Milchreis, 1 TL Honig, 1 EL fettarmer Jogurt, 125 g Sauerkirschen, 2 TL Speisestärke, 1 TL brauner Zucker, 100 ml Kirschsaft, 1 EL Zitronensaft

→1 Milch in einen Topf gießen und aufkochen. Vanilleschote der Länge nach aufschneiden und das Mark herauskratzen. Mit dem Milchreis und Honig zur Milch geben. Bei niedriger Hitze den Reis ca. 35 Minuten ausquellen lassen, zwischendurch immer wieder umrühren. Jogurt unterheben.

→2 Kirschen waschen, von den Stielen zupfen und entsteinen. Speisestärke, Zucker und 3 EL Kirschsaft verrühren. Restlichen Kirschsaft und Zitronensaft in einem Topf erwärmen. Angerührte Stärke zum Kirschsaft geben und alles unter Rühren einmal aufkochen lassen. Kirschen zugeben und kurz erwärmen. Milchreis auf einen Teller geben, Kirschen darauf anrichten.

Pro Portion: ca. 370 kcal, E 9 g, F 3 g, KH 70 g, Cholesterin: ca. 8 mg

Frucht-Kaltschale mit Käse-Grissini (Foto)

½ Honig- oder Netzmelone, 3 Aprikosen, Saft von 1 Limette, 150 g Himbeeren, 1 Grissini (ital. Gebäckstangen) oder Sesam-Knäcke, 1 dünne Scheibe (20 g) Emmentaler (45% Fett)

→1 Melone vierteln und entkernen. Melonenfruchtfleisch von der Schale schneiden und grob würfeln. Aprikosen abspülen, halbieren, Steine entfernen.

→2 Melonen- und Aprikosenfruchtfleisch pürieren. Mit Limettensaft abschmecken. Himbeeren putzen und darauf anrichten. Grissini mit Käse umwickeln und dazu essen.

Pro Portion: ca. 350 kcal
E 14 g, F 10 g, KH 53 g
Cholesterin: ca. 18 mg

Crêpe mit Zimt-Quark und Nüssen

1 Ei, 2 EL Mineralwasser, 5 EL fettarme Milch, 1 EL (10 g) Dinkelvollkornmehl, 1 EL Magerquark, 75 g fettarmer Jogurt, 1 EL Orangensaft, 2 TL Honig, 1 Prise Zimt, 1 TL Sonnenblumenöl, 3 Walnusskerne

→1 Ei, Mineralwasser, Milch und Mehl mit den Schneebesen des Handrührgerätes auf höchster Stufe zu einem glatten, flüssigen Teig verrühren. Ca. 10 Minuten quellen lassen.

→2 Quark, Jogurt, Orangensaft und Honig glattrühren. Mit Zimt abschmecken.

→3 Öl in einer beschichteten Pfanne erhitzen. Teig hineingießen, verstreichen und daraus einen dünnen Pfannkuchen backen. Auf einen Teller geben, Zimt-Quark darauf verteilen, Crêpe überschlagen. Nüsse hacken und darüber streuen.

Pro Portion: ca. 350 kcal
E 18 g, F 15 g, KH 31 g
Cholesterin: ca. 240 mg

Orangen-Couscous mit gemischten Früchten (Foto)

40 g Couscous, 50 ml Orangensaft, 1 Tropfen Öl, Butter, ½ Banane, 1 kleine Birne, 50 g Weintrauben, 100 g Brombeeren, 2 TL Ahornsirup, Saft von ½ Limette, etwas Orangenschale und Zitronenmelisse

→1 Couscous mit 100 ml kochendem Wasser überbrühen und ca. 5 Minuten ausquellen lassen. Orangensaft und Öl zugeben und unterrühren.

→2 Banane und Birne schälen, das Kerngehäuse der Birne entfernen. Beides in mundgerechte Stücke schneiden. Weintrauben halbieren, evtl. entkernen, Brombeeren verlesen. Honig und Limettensaft verrühren, über die Früchte geben und kurz ziehen lassen.

→3 Orangenschale in ganz feine Streifen schneiden. Couscous und Früchte auf einen Teller geben, mit Zitronenmelisse und Orangenschale anrichten.

Pro Portion: ca. 370 kcal, E 8 g, F 2 g, KH 74 g, Cholesterin: 0 mg

Mango-Kokos-Penne mit Mohn (Foto)

1 kleine reife Mango, 100 ml Kokosmilch (Dose), 100 ml fettarme Milch, 10 g Mohnsamen, ½ Vanilleschote, 35 g Penne (Hartweizennudeln), 1 TL Honig, ein Zweig Zitronenmelisse

→1 Mango schälen. Fruchtfleisch mit einem scharfen Messer vom Stein lösen, in feine Spalten schneiden.

→2 Kokosmilch, Milch und Mohn in einen Topf geben und aufkochen. Mark aus der Vanilleschote kratzen und zugeben.

→3 Penne zufügen, ca. 8 Minuten ohne Deckel kochen. Mango zugeben, ca. 3 Minuten miterhitzen. Mit Honig abschmecken. Auf einen Teller geben und mit Zitronenmelisse anrichten.

Pro Portion: ca. 380 kcal
E 11 g, F 7 g, KH 63 g
Cholesterin: ca. 38 mg

Gebratene Banane mit Aprikosenquark

4 getrocknete Aprikosen, 2 EL Orangensaft, 1 Banane, 1 TL Butter, 2 TL Ahornsirup, 100 g Magerquark, 75 g fettarmer Jogurt, ½ Vanilleschote, 1 TL Zitronensaft

→1 Aprikosen in kleine Würfel schneiden, mit Orangensaft beträufeln und kurz ziehen lassen.

→2 Banane schälen, der Länge nach halbieren. Butter in einer beschichteten Pfanne zerlassen. Banane hineingeben, mit Ahornsirup beträufeln und ca. 4 Minuten braten, dabei mehrmals wenden.

→3 Quark und Jogurt glattrühren. Vanillemark aus der Schote kratzen, mit eingeweichten Aprikosen und dem restlichen Saft unterrühren. Quark auf einen Teller geben, Banane mit Zitronensaft beträufeln und darauf anrichten.

Pro Portion: ca. 360 kcal
E 17 g, F 5 g, KH 55 g
Cholesterin: ca. 17 mg

abendbrot: suppen

Löffel für Löffel wohlig wärmend. Knackiges Gemüse und frische Kräuter, einmal quer durch den Garten. Das Beste: Alles fettarm – alles aus einem Topf

Gemüsesuppe mit Buchweizennudeln

50 g Buchweizennudeln, Jodsalz, 350 ml Gemüsebrühe (Instant), 1 kleine rote Chili, 75 g Zuckerschoten, 100 g Blattspinat, 100 g grüner Spargel, 2 Lauchzwiebeln, 100 g Tofu, Sojasauce, 1 TL Sesamsamen

➜1 Buchweizennudeln in Salzwasser etwa 6 Minuten sehr bissfest garen. Abgießen und mit kaltem Wasser abspülen. Abtropfen lassen. Brühe in einem Topf erhitzen.

➜2 Chili waschen, aufschneiden und entkernen. Anschließend in Stücke schneiden und zur Brühe geben. Zuckerschoten, Spinat, Spargel und Lauchzwiebeln vorbereiten und waschen. Spargelenden abschneiden und Lauchzwiebeln in Ringe schneiden.

➜3 Zuckerschoten und Spargel zur Brühe geben und etwa 2 Minuten garen. Tofu würfeln. Mit Spinat und Lauchzwiebeln zufügen. Suppe weitere 2 Minuten garen. Nudeln zugeben. Suppe noch etwa 2–3 Minuten garen. Mit Sojasauce abschmecken und mit Sesam bestreut servieren.

Pro Portion: ca. 390 kcal
E 22 g, F 10 g, KH 47 g
Cholesterin: 0 mg

Linsen-Eintopf

1 kleiner Kohlrabi, 150 g Möhren, 3 Lauchzwiebeln, 1 TL Rapsöl, 200 ml Gemüsefond, 60 g rote Linsen, Jodsalz, Pfeffer, ½ Bund Schnittlauch, 1 EL Balsamico-Essig

→**1** Kohlrabi und Möhren schälen. In Stücke bzw. in Scheiben schneiden. Lauchzwiebeln waschen und in Ringe schneiden. Öl in einem Topf erhitzen. Kohlrabi, Möhren und Lauchzwiebeln darin etwa 4 Minuten andünsten.

→**2** Mit Gemüsefond und 150 ml Wasser aufgießen. Linsen zugeben und alles aufkochen lassen. Mit Salz und Pfeffer würzen und etwa 10 Minuten bei mittlerer Hitze kochen lassen.

→**3** Den Schnittlauch waschen, trockenschütteln und klein schneiden. Eintopf nach Geschmack mit Essig abschmecken. Mit Schnittlauch bestreut servieren.

Pro Portion: ca. 380 kcal, E 20 g, F 9 g, KH 50 g, Cholesterin: 0 mg

Vorrat schaffen:
Suppen sind einfach zuzubereiten und blitzschnell fertig. Und sie lassen sich besonders gut in größeren Mengen kochen und portionsweise einfrieren. Wenn's mal schnell gehen muss oder die Lust zum Kochen feht, einfach auftauen und die frischen Kräuter erst kurz vor dem Servieren dazugeben.

kochtipp

Tomaten-Eintopf mit Putenfleisch

100 g Putenbrustfilet,
200 g Tomaten, 200 g Hokkaido-Kürbis, 1 EL Olivenöl,
200 ml Gemüsebrühe (Instant),
Jodsalz, Pfeffer,
½ Bund Thymian, Tabasco

→1 Putenfleisch waschen, trockentupfen und in Stücke schneiden. Tomaten waschen, halbieren und die Stielansätze entfernen. Tomaten in Spalten schneiden. Kürbis waschen und würfeln.

→2 Olivenöl in einem Topf erhitzen. Fleisch darin knusprig anbraten. Kürbis zugeben und etwa 5 Minuten mitdünsten. Tomaten und Gemüsebrühe zufügen. Eintopf aufkochen lassen und mit Salz und Pfeffer würzen. Etwa 10 Minuten bei mittlerer Hitze kochen lassen.

→3 Thymian waschen, trockenschütteln und Blättchen abzupfen. Eintopf nach Geschmack mit Tabasco scharf abschmecken. Thymian unterrühren und servieren.

Pro Portion: ca. 330 kcal
E 29 g, F 15 g, KH 14 g
Cholesterin: ca. 60 mg

Rotkohl-Fenchel-Suppe

1 Fenchelknolle, 1 Kohlrabi,
250 g Rotkohl, 350 ml Gemüsebrühe (Instant), Jodsalz, Pfeffer,
2 Zweige glatte Petersilie,
1 Scheibe Vollkorntoast oder Schwarzbrot

→1 Fenchel waschen, halbieren und das Grün abschneiden. Fenchel in Scheiben schneiden, Grün beiseite legen. Kohlrabi schälen und würfeln. Rotkohl waschen und den Strunk herausschneiden. Kohl in Stücke schneiden.

→2 Brühe in einem Topf zum Kochen bringen. Kohlrabi, Rotkohl und Fenchel zufügen und etwa 15 Minuten bei mittlerer Hitze kochen lassen. Mit Salz und Pfeffer würzen.

→3 Petersilie waschen und trockenschütteln. Mit dem Fenchelgrün zusammen klein hacken. Brot in kleine Würfel schneiden. Eine Pfanne ohne Fett erhitzen. Brot darin knusprig rösten. Suppe mit Brotcroûtons und Kräutern bestreuen. Servieren.

Pro Portion: ca. 330 kcal
E 19 g, F 5 g, KH 48 g
Cholesterin: 0 mg

Linsen-Suppe mit Jogurt (Foto)

1 Stange Lauch, 200 g Kartoffeln, 1 TL Olivenöl, 350 ml Gemüsebrühe (Instant), 50 g rote Linsen, Jodsalz, Pfeffer, Currypulver, 75 g fettarmer Jogurt, Saft ½ Zitrone, 2 Zweige Koriander

→1 Lauch waschen und in Ringe schneiden. Die Kartoffeln schälen und halbieren. Öl in einem Topf erhitzen. Kartoffeln und Lauch etwa 3 Minuten darin andünsten.

→2 Gemüse mit Brühe aufgießen und etwa 5 Minuten bei mittlerer Hitze kochen lassen. Linsen zugeben und weitere 8 Minuten garen lassen. Suppe mit Salz, Pfeffer und Currypulver würzen.

→3 Jogurt mit Zitronensaft, Salz und Pfeffer verrühren. Koriander vorsichtig waschen und trockenschütteln. Suppe mit Jogurt und Koriander servieren.

Pro Portion: ca. 460 kcal, E 20 g, F 10 g, KH 65 g, Cholesterin: ca. 4 mg

Reis-Suppe mit Muscheln (Foto)

40 g Jasminreis, Jodsalz, 1 Zwiebel, 75 g Blattspinat, 1 Tomate, 1 Zitrone, 1 TL Sesamöl, 50 g gegarte Miesmuscheln, 50 g Scampi, 250 ml Fischfond, Pfeffer, 3 Zweige Koriander

→1 Reis in Salzwasser etwa 15 Minuten gar kochen. Abgießen und gut abtropfen lassen. Zwiebel schälen und klein würfeln. Spinat waschen, trockenschütteln und grob zupfen. Tomate waschen, halbieren und in Spalten schneiden. Zitrone auspressen.

→2 Sesamöl in einem Topf erhitzen. Zwiebel darin glasig dünsten. Muscheln und Scampi zugeben und etwa 4 Minuten mitdünsten. Mit Zitronensaft, Fischfond und 100 ml Wasser aufgießen. Aufkochen lassen.

→3 Tomaten, Spinat und Reis zur Suppe geben und bei mittlerer Hitze etwa 5 Minuten kochen lassen. Mit Salz und Pfeffer abschmecken. Koriander vorsichtig waschen, trockenschütteln und Blättchen abzupfen. Blättchen grob hacken und über die Suppe streuen. Servieren.

Pro Portion: ca. 450 kcal
E 21 g, F 14 g, KH 51 g
Cholesterin: ca. 93 mg

Kohlrabi-Kartoffel-Suppe mit Spargel

1 Kohlrabi, 200 g kleine Kartoffeln, 200 ml Gemüsebrühe (Instant), 1 kleine Zwiebel, 200 g grüner Spargel, 1 TL Olivenöl, Jodsalz, Pfeffer, ½ Bund Schnittlauch

→1 Kohlrabi und Kartoffeln schälen und in Würfel schneiden. Gemüsebrühe in einem Topf erhitzen. Kohlrabi und Kartoffeln darin etwa 15 Minuten bei mittlerer Hitze kochen lassen.

→2 Zwiebel schälen und klein würfeln. Den Spargel waschen und die Enden abschneiden. Spargel in Stücke schneiden. Olivenöl in einer Pfanne erhitzen. Zwiebel darin glasig dünsten. Spargelstücke zufügen und etwa 6 Minuten darin braten lassen.

→3 Kohlrabi und Kartoffeln pürieren, mit Salz und Pfeffer abschmecken. Schnittlauch waschen, trockenschütteln und klein schneiden. Spargel mit Salz und Pfeffer würzen. Schnittlauch zur Suppe geben und unterrühren. Spargelstücke auf die Suppe geben und servieren.

Pro Portion: ca. 360 kcal
E 15 g, F 8 g, KH 52 g
Cholesterin: 0 mg

Kürbis-Kokosmilch-Suppe (Foto)

375 g Hokkaido-Kürbis, ½ Stange Zitronengras, 20 g frischer Ingwer, 1 rote Chili, 1 TL Olivenöl, 200 ml Gemüsebrühe (Instant), 200 ml Kokosmilch, Jodsalz, Pfeffer, 1 EL Kürbiskerne

→**1** Kürbis waschen und entkernen. Fruchtfleisch klein würfeln. Zitronengras waschen, halbieren und in sehr feine Ringe schneiden. Ingwer schälen und klein schneiden. Chili waschen, entkernen und hacken.

→**2** Olivenöl in einem Topf erhitzen. Kürbis, Zitronengras und Ingwer darin andünsten. Chili zugeben und mit Brühe und Kokosmilch aufgießen. Aufkochen lassen und etwa 15 Minuten bei mittlerer Hitze kochen lassen, bis der Kürbis weich ist.

→**3** Kürbiskerne ohne Fett in einer Pfanne langsam rösten, bis sie anfangen zu duften. Abkühlen lassen. Die Suppe leicht pürieren und nochmals abschmecken. Mit Kürbiskernen bestreut servieren.

Pro Portion: ca. 330 kcal
E 8 g, F 20 g, KH 27 g
Cholesterin: 0 mg

Chili sin carne

2 Schalotten, 1 Knoblauchzehe, 1 kleine rote Chili, 1 rote Paprika, 1 TL Olivenöl, 200 g Tomatenpüree, 100 ml Gemüsebrühe (Instant), Jodsalz, Pfeffer, 150 g Kidneybohnen (Dose)

→**1** Schalotten und Knoblauch schälen und klein schneiden. Chili waschen, entkernen und in dünne Streifen schneiden. Paprika waschen, halbieren und die Kerne entfernen. Fruchtfleisch in Streifen schneiden.

→**2** Olivenöl in einem Topf erhitzen. Schalotten, Knoblauch und Chili darin andünsten. Paprika zugeben und etwa 5 Minuten mitdünsten.

→**3** Tomatenpüree und Brühe zur Paprika geben. Mit Salz und Pfeffer würzen und bei mittlerer Hitze etwa 15 Minuten kochen lassen. Kidneybohnen aus der Dose gut abtropfen lassen. Zur Suppe geben. Weitere 10 Minuten bei mittlerer Hitze weiter garen. Nochmals abschmecken und servieren.

Pro Portion: ca. 470 kcal
E 27 g, F 9 g, KH 64 g
Cholesterin: 0 mg

Gemüsesuppe mit Grießklößchen (Foto Seite 1)

150 g Aubergine, 150 g Wirsing, 100 g grüne Bohnen, 1 TL Olivenöl, 150 ml Gemüsebrühe (Instant), Jodsalz, Pfeffer, 1 Bund Majoran, 200 g Tomatenpüree, 70 ml fettarme Milch, 30 g Grieß, 1 Eigelb (Größe M)

→1 Aubergine waschen und würfeln. Wirsing waschen, in Streifen schneiden. Bohnen waschen und die Enden abschneiden. Öl in einem Topf erhitzen. Gemüse darin andünsten. Brühe zugeben und bei mittlerer Hitze 10 Minuten kochen lassen. Mit Salz und Pfeffer würzen.

→2 Majoran waschen, trockenschütteln und abzupfen. Die Hälfte mit dem Tomatenpüree zur Suppe geben.

→3 Milch mit 1 Prise Salz aufkochen. Grieß einstreuen, kurz aufkochen lassen. Eigelb und restlichen Majoran unterrühren. Mit Teelöffeln Klößchen formen und in kochendes Salzwasser geben, gar ziehen lassen (nicht mehr kochen). Suppe mit Klößchen servieren.

Pro Portion: ca. 420 kcal
E 19 g, F 15 g, KH 46 g
Cholesterin: ca. 2 mg

Hühnersuppe mit Bandnudeln

125 g Hähnchenfilet, 150 g Zucchini, 1 Zwiebel, 2 TL Olivenöl, 400 ml Geflügelfond, Jodsalz, Pfeffer, 40 g dünne Bandnudeln, ½ Bund Petersilie, 1 unbehandelte Zitrone

→1 Hähnchenfleisch waschen und trockentupfen. Zucchini waschen, halbieren und in dünne Scheiben schneiden. Zwiebel schälen und klein würfeln. 1 TL Olivenöl in einem Topf erhitzen. Zucchini und Zwiebel darin andünsten.

→2 Mit Geflügelfond aufgießen. Fleisch zugeben. Suppe aufkochen lassen. Mit Salz und Pfeffer würzen und bei mittlerer Hitze etwa 10 Minuten kochen lassen.

→3 Nudeln zur Suppe geben und darin etwa 8 Minuten bei mittlerer Hitze bissfest kochen. Fleisch herausnehmen und in kleine Stücke teilen. Petersilie waschen, trockenschütteln und klein hacken. Zitrone heiß abwaschen. Die Schale abreiben und die Frucht auspressen. Fleisch mit Saft zur Suppe geben. Abschmecken. Petersilie mit Zitronenschale mischen. Über die Suppe streuen und servieren.

Pro Portion: ca. 460 kcal
E 39 g, F 15 g, KH 37 g
Cholesterin: ca. 75 mg

Paprika-Creme-Suppe (Foto)

250 g rote Paprika, 1 Knoblauchzehe, 1 TL Olivenöl, 1 kleine Dose Tomaten, 150 ml Gemüsebrühe (Instant), Jodsalz, Pfeffer, 50 g Bulgur, 3 Zweige Thymian, 50 g saure Sahne

→1 Paprika waschen, halbieren und Kerne entfernen. Fruchtfleisch in Würfel schneiden. Knoblauch schälen und klein hacken. Olivenöl in einem Topf erhitzen. Paprika und Knoblauch darin etwa 4 Minuten andünsten. Tomaten aus der Dose und Brühe zufügen. Mit Salz und Pfeffer würzen. Suppe etwa 15 Minuten bei mittlerer Hitze kochen lassen.

→2 Bulgur in etwas Salzwasser kurz aufkochen und 10 Minuten ausquellen lassen. Thymian waschen, trockenschütteln und die Blättchen abzupfen. Zur Suppe geben und unterrühren. Suppe pürieren, nochmals abschmecken und mit Bulgur und saurer Sahne servieren.

Pro Portion: ca. 420 kcal, E 12 g, F 13 g, KH 56 g, Cholesterin: ca. 18 mg

Möhren-Eintopf mit Lammfleisch (Foto)

200 g Möhren, 1 Süßkartoffel,
3 Lauchzwiebeln, 2 TL Olivenöl,
200 ml Geflügelfond, Jodsalz,
Pfeffer, 100 g Lammfilet,
3 Zweige Thymian,
1 Prise gemahlene Muskatnuss

→1 Möhren und Kartoffel schälen. Möhren in Scheiben und Kartoffel in Stücke schneiden. Lauchzwiebeln waschen und in Ringe schneiden. 1 TL Olivenöl in einem Topf erhitzen. Gemüse darin etwa 4 Minuten andünsten.

→2 Gemüse mit Geflügelfond und 100 ml Wasser aufgießen und aufkochen lassen. Mit Salz und Pfeffer würzen. Eintopf etwa 15 Minuten bei mittlerer Hitze kochen lassen.

→3 Lammfilet waschen, trockentupfen und mit Salz und Pfeffer würzen. Restliches Olivenöl in einer Pfanne erhitzen. Fleisch darin etwa 5 Minuten anbraten. Anschließend in Scheiben schneiden. Thymian waschen, trockenschütteln und die Blättchen abzupfen. Mit Fleisch zum Eintopf geben und weitere 8 Minuten garen lassen. Eintopf mit Muskatnuss abschmecken und servieren.

Pro Portion: ca. 470 kcal
E 25 g, F 21 g, KH 38 g
Cholesterin: ca. 70 mg

Gemüsesuppe mit Parmesan

200 g Zucchini, 1 Lauchzwiebel,
1 Möhre, 1 rote Paprika,
200 g Brokkoli, 3 Stangen
Staudensellerie, 1 TL Olivenöl,
500 ml Gemüsebrühe (Instant),
20 g kleine Nudeln,
20 g Parmesankäse, Jodsalz

→1 Zucchini und Lauchzwiebel waschen. Zucchini halbieren und beides in Scheiben schneiden. Möhre schälen und in Scheiben schneiden. Paprika waschen, halbieren und die Kerne entfernen. Fruchtfleisch in Würfel schneiden. Brokkoli waschen und in Röschen trennen. Staudensellerie waschen und klein schneiden.

→2 Olivenöl in einem Topf erhitzen. Lauchzwiebeln, Paprika und Brokkoli darin 4 Minuten andünsten. Möhre, Paprika, Zucchini und Sellerie zugeben und weitere 5 Minuten dünsten lassen. Mit Gemüsebrühe aufgießen und etwa 5 Minuten bei mittlerer Hitze kochen lassen.

→3 Nudeln zur Suppe geben und bei mittlerer Hitze etwa 10 Minuten bissfest kochen. Parmesankäse reiben. Suppe mit Salz abschmecken und mit Parmesankäse bestreut servieren.

Pro Portion: ca. 430 kcal
E 24 g, F 17 g, KH 42 g
Cholesterin: ca. 14 mg

Kohlrabi-Möhren-Suppe

1 Kohlrabi, 200 g Möhren,
100 g Kartoffeln, 1 rote Zwiebel,
1 TL Rapsöl, 200 ml Gemüsebrühe (Instant), Jodsalz, Pfeffer,
3 Zweige Waldmeister,
50 g Alfalfa-Sprossen

→1 Kohlrabi, Möhren, Kartoffeln und Zwiebel schälen. Gemüse in kleine Würfel schneiden. Rapsöl in einem Topf erhitzen. Zwiebel und Kartoffeln darin etwa 5 Minuten andünsten. Möhren und Kohlrabi zugeben. Weitere 3 Minuten dünsten.

→2 Gemüse mit Brühe aufgießen und mit Salz und Pfeffer würzen. Suppe aufkochen und bei mittlerer Hitze etwa 10 Minuten kochen lassen. Suppe grob pürieren. Nochmals abschmecken.

→3 Waldmeister waschen, trockenschütteln und die Blättchen abzupfen. Sprossen waschen und gut abtropfen lassen. Waldmeister klein hacken, zur Suppe geben und unterrühren. Mit Sprossen bestreuen und servieren.

Pro Portion: ca. 310 kcal
E 12 g, F 8 g, KH 42 g
Cholesterin: 0 mg

Magnesium aus Kartoffeln, Reis und Gemüse stärkt die Muskeln und sorgt für Ausdauer und **Wohlbefinden.** Es schützt vor Stress, entspannt und macht das Abnehmen leichter.

vital tipp

Sellerie-Minz-Suppe mit Rotbarsch (Foto)

3 Stangen Staudensellerie, 125 g Kartoffeln, 2 TL Olivenöl, 300 ml Gemüsebrühe (Instant), Jodsalz, Pfeffer, 30 g Basmati-Reis, 100 g Rotbarschfilet, ½ Bund frische Minze, Kurkuma

→1 Sellerie waschen und klein schneiden. Die Kartoffeln waschen, schälen und würfeln. Olivenöl in einem Topf erhitzen. Gemüse darin etwa 5 Minuten andünsten. Mit der Brühe aufgießen. Suppe mit Salz und Pfeffer würzen und etwa 15 Minuten bei mittlerer Hitze kochen lassen.

→2 Reis in Salzwasser etwa 12 Minuten gar kochen. Abgießen und abtropfen lassen. Rotbarsch waschen, trockentupfen und in Stücke schneiden. Minze waschen, trockenschütteln und klein hacken. Suppe pürieren und mit Kurkuma abschmecken. Fisch zufügen und etwa 7 Minuten mitgaren. Reis und Minze unterrühen und 3 Minuten miterhitzen. Servieren.

Pro Portion: ca. 470 kcal, E 24 g, F 18 g, KH 47 g, Cholesterin: ca. 70 mg

Rote-Bete-Suppe mit Apfel (Foto)

300 g rote Bete, 2 Zwiebeln,
2 kleine Äpfel, 2 TL Olivenöl,
350 ml Gemüsebrühe (Instant),
Jodsalz, Pfeffer, 2 Zweige Dill,
75 g Bio-Lachs

→1 Rote Bete waschen, schälen (wegen der Farbe Einmalhandschuhe verwenden) und würfeln. Zwiebel schälen und würfeln. Apfel waschen, halbieren und das Kerngehäuse entfernen. Äpfel in Spalten schneiden.

→2 1 TL Olivenöl in einem Topf erhitzen. Rote Bete und Zwiebeln darin andünsten. Mit Gemüsebrühe aufgießen und mit Salz und Pfeffer würzen. Suppe aufkochen und etwa 12 Minuten bei mittlerer Hitze kochen lassen. Apfelspalten zugeben und etwa 3 Minuten mitkochen. Suppe leicht pürieren.

→3 Dill waschen, trockenschütteln und zerkleinern. Zur Suppe geben. Lachs waschen, trockentupfen und in Würfel schneiden. Restliches Öl in einer Pfanne erhitzen. Lachs darin etwa 6 Minuten knusprig anbraten. Mit Salz und Pfeffer würzen und zur Suppe geben. Servieren.

Pro Portion: ca. 450 kcal
E 22 g, F 19 g, KH 38 g
Cholesterin: ca. 24 mg

Minestrone mit Petersilien-Pesto

100 g Kartoffeln, 100 g Möhren,
2 Stangen Staudensellerie,
2 Lauchzwiebeln,
300 ml Gemüsebrühe (Instant),
2 Tomaten, Jodsalz, Pfeffer,
1 Bund Petersilie, 2 EL Olivenöl,
1 EL Pinienkerne

→1 Kartoffeln und Möhren schälen. Beides in dünne Scheiben schneiden. Staudensellerie und Lauchzwiebeln waschen und in Ringe schneiden.

→2 Gemüsebrühe in einem Topf erhitzen. Kartoffeln und Möhren zugeben und etwa 10 Minuten bei mittlerer Hitze kochen lassen. Tomaten waschen und in Würfel schneiden. Mit Lauchzwiebeln und Staudensellerie zugeben und weitere 5 Minuten kochen lassen. Mit Salz und Pfeffer würzen.

→3 Petersilie waschen, trockenschütteln und klein zupfen. Zusammen mit dem Olivenöl und den Pinienkernen pürieren. Pesto mit Salz und Pfeffer würzen und zur Suppe geben. Servieren.

Pro Portion: ca. 470 kcal
E 9 g, F 30 g, KH 33 g
Cholesterin: 0 mg

abendbrot: vegetarisch

Diese Gemüsevielfalt bringt richtig Abwechslung auf den Tisch. Schmeckt super mit Tofu, Nudeln und Kräutern – da kann man das Fleisch glatt vergessen

Wokgemüse mit Basmati-Reis

50 g Basmati-Reis, Jodsalz, 300 g Zucchini, 300 g Tomaten, Lauchzwiebeln, 75 g Tofu, 2 EL Sojasauce, Pfeffer, 1 TL Olivenöl, 3 Zweige glatte Petersilie, 50 g Mungbohnen-Sprossen

→1 Basmati-Reis in Salzwasser bei mittlerer Hitze etwa 12 Minuten gar kochen. Zucchini und Tomaten waschen. Tomaten halbieren und die Stielansätze herausschneiden. Tomaten vierteln. Zucchini halbieren und in Scheiben schneiden. Lauchzwiebeln waschen und in Ringe schneiden.

→2 Tofu in Stücke schneiden und mit der Sojasauce vermengen. Mit Salz und Pfeffer würzen. Olivenöl in einem Wok erhitzen. Lauchzwiebeln und Zucchini darin 4 Minuten andünsten. Tofu zugeben. Gemüse mit Salz und Pfeffer würzen.

→3 Petersilie waschen, trockenschütteln und klein hacken. Sprossen waschen und abtropfen lassen. Petersilie und Sprossen zum Gemüse geben. Reis mit Wokgemüse servieren.

Pro Portion: ca. 450 kcal
E 21 g, F 12 g, KH 61 g
Cholesterin: 0 mg

Bandnudeln mit Zucchinipüree (Foto)

50 g Vollkornbandnudeln, Jodsalz, 1 Schalotte, 1 Knoblauchzehe, 350 g Zucchini, 1 TL Olivenöl, 75 ml Gemüsebrühe (Instant), Pfeffer, 50 g Schafskäse

→1 Bandnudeln in Salzwasser bei mittlerer Hitze etwa 8 Minuten bissfest garen. Abgießen und abtropfen lassen. Schalotte und Knoblauch schälen und klein hacken. Zucchini waschen und in Würfel schneiden.

→2 Olivenöl in einem Topf erhitzen. Schalotte und Knoblauchzehe darin andünsten. Zucchini zufügen und etwa 5 Minuten mitdünsten lassen. Mit Brühe aufgießen, mit Salz und Pfeffer würzen und pürieren.

→3 Schafskäse zerbröckeln. Zucchinisoße nochmals abschmecken und mit den Nudeln servieren. Schafskäse darüber streuen.

Pro Portion: ca. 440 kcal
E 19 g, F 18 g, KH 46 g
Cholesterin: ca. 30 mg

Gratinierter Spargel mit Rauke

250 g weißer Spargel, 1 Limette, Jodsalz, 50 g Mozzarella, 50 g Rauke, 2 EL Haferflocken, 60 g fettarmer Jogurt, 20 g Walnusskerne, 1 TL Honig, 1 TL Walnussöl, Pfeffer

→1 Spargel schälen und die Enden abschneiden. Limette auspressen. Spargel mit 1 EL Limettensaft in Salzwasser bei mittlerer Hitze etwa 8 Minuten bissfest kochen. Abgießen und gut abtropfen lassen.

→2 Mozzarella in Würfel schneiden. Rauke waschen, trockenschütteln und die Stielenden abschneiden. Knapp die Hälfte Rauke klein hacken. Mit 1 EL Haferflocken, Jogurt und dem Rest Limettensaft verrühren. Walnüsse hacken. Mit Honig und Walnussöl unter die Jogurtmasse rühren.

→3 Restliche Rauke mit Spargel in eine Auflaufform legen. Mit Salz und Pfeffer würzen. Jogurtmasse darüber verteilen. Mit Mozzarellawürfeln und restlichen Haferflocken bestreuen. Im vorgeheizten Backofen bei 200 Grad (Umluft: 180 Grad/Gas: Stufe 4) etwa 10 Minuten gratinieren. Servieren.

Pro Portion: ca. 430 kcal
E 23 g, F 22 g, KH 28 g
Cholesterin: ca. 26 mg

Mit Biss. Möhre, Gurke, Radieschen und Paprika – roh geknabbert – stillen den kleinen Hunger zwischendurch. Viel Betakarotin schützt gleichzeitig das Immunsystem und die Haut.

vital tipp

Champignon-Risotto mit Basilikum

1 Zwiebel, 1 Knoblauchzehe, 1 TL Olivenöl, 60 g Risottoreis, 250 ml Gemüsebrühe (Instant), 200 g braune Champignons, 3 Lauchzwiebeln, 1 Zitrone, Jodsalz, Pfeffer, ½ Bund Basilikum, 10 g Parmesankäse

→1 Zwiebel und Knoblauch schälen und in Würfel schneiden. Olivenöl in einem Topf erhitzen. Zwiebel, Knoblauch und Risottoreis darin etwa 5 Minuten glasig andünsten. Mit Brühe aufgießen und aufkochen lassen. Bei mittlerer Hitze den Reis etwa 20 Minuten ausquellen lassen.

→2 Champignons abreiben und vierteln. Lauchzwiebel waschen und in Ringe schneiden. Zitrone auspressen. Zitronensaft mit Champignons und Lauchzwiebeln zum Risotto geben und unterrühren. Weitere 5 Minuten garen lassen. Mit Salz und Pfeffer würzen.

→3 Basilikum waschen, trockenschütteln und die Blättchen abzupfen. Blättchen hacken. Parmesankäse mit einer Küchenreibe grob reiben. Basilikum unter das Risotto rühren. Mit Parmesan bestreuen und servieren.

Pro Portion: ca. 440 kcal
E 13 g, F 12 g, KH 65 g
Cholesterin: ca. 7 mg

Gemüse mit Radieschen-Vinaigrette (Foto)

1 Kohlrabi, 200 g Brokkoli, 2 Lauchzwiebeln, 4 Stangen grüner Spargel, 100 g Zuckerschoten, 1 EL Sojaöl, Jodsalz, Pfeffer, ½ Bund Radieschen, 2 EL Limettensaft

→1 Kohlrabi schälen und würfeln. Brokkoli in Röschen teilen. Lauchzwiebeln waschen und in Ringe schneiden. Spargel waschen und die Enden abschneiden. Zuckerschoten waschen.

→2 1 TL Sojaöl in einer Pfanne erhitzen. Kohlrabi, Brokkoli und Spargel darin andünsten. 6 EL Wasser zugeben. Mit Salz und Pfeffer würzen und etwa 8 Minuten garen lassen. Lauchzwiebeln und Zuckerschoten zugeben. 4 Minuten weiter garen lassen.

→3 Radieschen waschen und in Stifte schneiden. Mit dem restlichen Öl und Limettensaft verrühren. Mit Salz und Pfeffer würzen. Warmes Gemüse damit beträufeln und servieren.

Pro Portion: ca. 360 kcal, E 18 g, F 18 g, KH 29 g, Cholesterin: 0 mg

Tagliatelle mit Kürbis-Soße (Foto)

200 g Hokkaido-Kürbis,
100 g Wirsing, 1 TL Olivenöl,
Jodsalz, Pfeffer, 75 ml Weißwein,
75 g saure Sahne, 1 TL Honig,
Muskatnuss, 2 Zweige Thymian,
50 g Tagliatelle

→1 Kürbis waschen, schälen und in dünne Scheiben schneiden. Wirsing in Streifen schneiden und waschen. Gut abtropfen lassen. Olivenöl in einem Topf erhitzen. Kürbis und Wirsing darin etwa 5 Minuten andünsten. Mit Salz und Pfeffer würzen.

→2 Weißwein und saure Sahne zum Gemüse geben. Mit Honig und Muskatnuss abschmecken. Thymian waschen, trockenschütteln und die Blättchen abzupfen. Thymian zum Gemüse geben. Alles bei mittlerer Hitze etwa 10 Minuten schmoren lassen.

→3 Bandnudeln in Salzwasser bei mittlerer Hitze etwa 8 Minuten bissfest kochen. Abgießen und abtropfen lassen. Gemüse nochmals abschmecken und mit den Nudeln servieren.

Pro Portion: ca. 460 kcal
E 13 g, F 15 g, KH 55 g
Cholesterin: ca. 28 mg

Kräuter-Soufflé mit Tomatengemüse

½ Bund glatte Petersilie,
15 g Butter, 30 g Vollkornmehl,
120 ml fettarme Milch, ½ Zitrone,
Jodsalz, Pfeffer, 1 Ei (Größe M),
150 g Cocktail-Tomaten,
200 g Blattspinat, 1 TL Olivenöl

→1 Petersilie waschen, trockenschütteln und ganz klein hacken. Butter in einem Topf zerlassen. Mehl unterrühren und etwas bräunen lassen. Milch nach und nach unterrühren. Zitrone auspressen. Mit der Petersilie unterrühren und mit Salz und Pfeffer würzen.

→2 Ei trennen. Eigelb unterrühren. Eiweiß mit 1 Prise Salz mit dem Handrührgerät (Schneebesen) steif schlagen. Vorsichtig unter die Masse heben. Zwei kleine feuerfeste Förmchen kalt ausspülen. Die Kräuter-Ei-Masse einfüllen. Im vorgeheizten Backofen bei 180 Grad (Umluft: 160 Grad/Gas: Stufe 3) etwa 20 Minuten backen. Backofen während der Backzeit nicht öffnen, damit das Soufflé nicht zusammenfällt.

→3 Tomaten waschen und halbieren. Spinat waschen, gut trockenschütteln und zerkleinern. Olivenöl in einem Topf erhitzen. Gemüse darin etwa 5 Minuten andünsten. Mit Salz und Pfeffer würzen. Soufflé mit dem Tomatengemüse servieren.

Pro Portion: ca. 460 kcal
E 20 g, F 27 g, KH 29 g
Cholesterin: ca. 242 mg

Gemüse-Rösti mit Tomatenquark

100 g Magerquark, 1 EL fettarme Milch, Jodsalz, Pfeffer, Paprikapulver, 2 Tomaten, 200 g Kartoffeln, 100 g Zucchini, 1 TL Olivenöl, ½ Päckchen Kresse

→1 Magerquark mit der Milch verrühren. Mit Salz, Pfeffer und Paprika würzen. Tomaten waschen, halbieren und die grünen Stielenden herausschneiden. Tomaten in Würfel schneiden und unter den Quark rühren.

→2 Kartoffeln waschen und schälen. Zucchini waschen und die Enden abschneiden. Beides mit einer Küchenreibe grob raspeln. Kartoffeln und Zucchini mischen und mit Salz und Pfeffer kräftig würzen.

→3 Olivenöl in einer beschichteten Pfanne erhitzen. Aus der Kartoffelmasse Röstis formen und von jeder Seite etwa 2 Minuten goldbraun braten. Kresse waschen. Röstis mit dem Tomatenquark und der Kresse servieren.

Pro Portion: ca. 400 kcal
E 20 g, F 13 g, KH 45 g
Cholesterin: ca. 2 mg

Blumenkohl und Brokkoli in Currysoße

250 g Brokkoli, 250 g Blumenkohl, Jodsalz, 1 Zwiebel, 1 TL Olivenöl, 100 ml Gemüsebrühe (Instant), 50 ml fettarme Milch, Chilipulver, ½ TL Currypulver, Pfeffer, 3 Zweige glatte Petersilie

→1 Brokkoli und Blumenkohl waschen und in Röschen teilen. Beides zusammen in Salzwasser bei mittlerer Hitze etwa 8 Minuten bissfest kochen. Zwiebel schälen und in kleine Würfel schneiden.

→2 Olivenöl in einem Topf erhitzen. Zwiebel darin glasig andünsten. Gemüsebrühe und Milch zugeben. Aufkochen und mit Chili- und Currypulver, Salz und Pfeffer abschmecken.

→3 Petersilie waschen, trocken schütteln und die Blättchen abzupfen. Petersilie hacken. Brokkoli und Blumenkohl abgießen. Mit der Currysoße und der Petersilie servieren.

Pro Portion: ca. 340 kcal
E 19 g, F 19 g, KH 20 g
Cholesterin: ca. 40 mg

Estragon-Crêpes mit grünem Spargel (Foto)

30 g Weizenmehl, 1 Ei (Größe M), Jodsalz, 60 ml Mineralwasser, 250 g grüner Spargel, ½ Bund Estragon, 1 TL Olivenöl, 10 g gehobelte Mandeln, 1 EL Butter

→1 Weizenmehl mit Ei, ¼ TL Salz und dem Mineralwasser gut verquirlen. Teig etwa 10 Minuten ruhen lassen. Spargel waschen und die Enden abschneiden. Spargel in Salzwasser bei mittlerer Hitze etwa 8 Minuten gar kochen. Abgießen.

→2 Estragon waschen, trockenschütteln und die Blättchen abzupfen. Teig mit Estragon verrühren. Olivenöl in einer beschichteten Pfanne erhitzen. Aus dem Teig zwei goldbraune Crêpes backen. Warm stellen.

→3 Mandeln in der Crêpepfanne rösten. Butter zugeben. Spargel in die Crêpes einrollen und mit Mandelbutter beträufeln. Servieren.

Pro Portion: ca. 470 kcal, E 17 g, F 30 g, KH 28 g, Cholesterin: ca. 236 mg

Weinblätter mit Gemüsefüllung

50 g Wildreis-Mischung, Jodsalz, 100 g Champignons, 200 g Tomaten, Pfeffer, 5 Weinblätter (in Salzlake), 20 g Mandeln, 1 unbehandelte Zitrone, 100 g Jogurt, 2 Zweige Dill

→**1** Reis in Salzwasser bei mittlerer Hitze etwa 25 Minuten gar kochen. Abgießen und abtropfen lassen. Champignons abreiben und in Scheiben schneiden. Tomaten waschen, halbieren und die grünen Stielansätze herausschneiden. Tomaten würfeln.

→**2** Reis mit Tomaten und Champignons mischen. Mit Salz und Pfeffer würzen. Die Füllung in der Mitte der Weinblätter verteilen. Weinblätter an den Seiten einschlagen und dann aufrollen. Mandeln hacken und in einer Pfanne ohne Fett rösten. Zitrone halbieren, eine Hälfte auspressen und die andere in Scheiben schneiden. Jogurt mit Zitronensaft und Mandeln verrühren. Mit Salz und Pfeffer würzen.

→**3** Dill waschen, trockenschütteln und klein schneiden. Zitronenscheiben mit 100 ml Wasser und ½ TL Salz aufkochen. Dill zugeben. Weinblätter bei mittlerer Hitze etwa 5 Minuten darin garen. Jogurt-Dip mit Weinblättern servieren.

Pro Portion: ca. 430 kcal, E 15 g, F 14 g, KH 54 g, Cholesterin: ca. 6 mg

Rösti mit Rotkohl-Rohkost (Foto)

150 g Rotkohl, Jodsalz,
150 g Kartoffeln, 1 Ei (Größe M),
Pfeffer, 100 g Blattspinat,
2 EL Olivenöl, 1 TL Dijon-Senf,
1 EL Balsamico-Essig,
½ TL Meerrettich,
30 g Radieschensprossen

→1 Rotkohl mit einer Küchenreibe in ganz dünne Streifen hobeln. Waschen und gut abtropfen lassen. Mit 1 TL Salz den Rotkohl durchkneten und etwa 20 Minuten durchziehen lassen.

→2 Kartoffeln schälen und mit einer Küchenreibe grob raspeln. Mit Ei vermengen und mit Salz und Pfeffer würzen. Spinat waschen, abtropfen lassen und zerkleinern. 1 EL Olivenöl mit Senf und Meerrettich verrühren. Mit Salz und Pfeffer würzen. Sprossen waschen und abtropfen lassen. Rotkohl, Spinat und Sprossen mit Dressing mischen.

→3 Restliches Olivenöl in einer beschichteten Pfanne erhitzen. Aus der Kartoffelmasse goldbraune Röstis braten. Mit der Rotkohl-Rohkost anrichten und servieren.

Pro Portion: ca. 440 kcal
E 17 g, F 25 g, KH 33 g
Cholesterin: ca. 200 mg

Kohlrabi mit Linsen-Füllung

2 kleine Kohlrabi (à 150 g),
Jodsalz, 1 rote Zwiebel,
50 g rote Linsen, Pfeffer,
100 g fettarmer Frischkäse,
2 EL fettarme Milch,
2 Zweige Basilikum

→1 Kohlrabi schälen. In Salzwasser bei mittlerer Hitze etwa 20 Minuten gar kochen. Abgießen und die Flüssigkeit dabei auffangen. Zwiebel schälen und in Würfel schneiden.

→2 100 ml Kohlrabi-Flüssigkeit aufkochen. Zwiebel und Linsen darin etwa 10 Minuten bei mittlerer Hitze gar kochen. Von den Kohlrabi einen Deckel abschneiden und das Gemüse vorsichtig aushöhlen. Deckel und Ausgehöhltes in Würfel schneiden. Linsen und Kohlrabiwürfel mischen und mit Salz und Pfeffer würzen.

→3 Frischkäse mit Milch glatt rühren. Basilikum waschen, trockenschütteln und die Blättchen abzupfen. Linsenmasse in die Kohlrabi füllen. Frischkäse darüber verteilen und mit Basilikum bestreuen. Servieren.

Pro Portion: ca. 370 kcal
E 32 g, F 3 g, KH 48 g
Cholesterin: ca. 2 mg

Brokkoli-Omelett mit Zwiebelquark

250 g Brokkoli, Jodsalz, 1 rote Paprika, 150 g Magerquark, 4 EL fettarme Milch, Pfeffer, ½ Bund Schnittlauch, 1 Ei (Größe M), 1 TL Olivenöl

→1 Brokkoli waschen, in Röschen teilen und in etwas kochendem Salzwasser bei mittlerer Hitze etwa 6 Minuten dünsten. Abgießen. Paprika waschen, halbieren und entkernen. Fruchtfleisch in kleine Würfel schneiden.

→2 Magerquark mit 2 EL Milch gut verrühren. Paprika zugeben. Quark mit Salz und Pfeffer würzen. Schnittlauch waschen, trockenschütteln und klein schneiden. Die Hälfte unter den Quark rühren.

→3 Ei mit dem Rest Milch gut verquirlen. Mit Schnittlauch verrühren und mit Salz und Pfeffer würzen. Olivenöl in einer beschichteten Pfanne erhitzen. Brokkoli darin kurz andünsten. Eimasse darüber gießen und in etwa 5 Minuten bei mittlerer Hitze stocken lassen. Brokkoli-Omelett mit Quark servieren.

Pro Portion: ca. 400 kcal
E 38 g, F 13 g, KH 24 g
Cholesterin: ca. 204 mg

Gemüse-Auflauf mit Nudeln

50 g Penne, Jodsalz, 50 g Avocado, ½ Zitrone, 100 g Zucchini, 150 g Möhren, Pfeffer, 100 ml Gemüsebrühe (Instant), 30 g fettarmer Schmelzkäse, 10 g Parmesankäse, 3 Zweige Basilikum

→1 Penne in Salzwasser bei mittlerer Hitze etwa 8 Minuten bissfest kochen. Abgießen und mit kaltem Wasser abspülen. Avocado schälen und in dünne Scheiben schneiden. Zitrone auspressen. Den Saft mit der Avocado vermengen.

→2 Zucchini waschen, halbieren und in dünne Scheiben schneiden. Möhren schälen und auch in Scheiben schneiden. Möhren, Zucchini, Nudeln und Avocado in einer Auflaufform mischen. Mit Salz und Pfeffer würzen.

→3 Gemüsebrühe mit Schmelzkäse verrühren. Über das Gemüse gießen. Parmesankäse grob reiben und darüber streuen. Im vorgeheizten Backofen bei 200 Grad (Umluft: 180 Grad/ Gas: Stufe 4) etwa 12 Minuten überbacken. Basilikum waschen, trockenschütteln, Blättchen abzupfen und hacken. Über den Auflauf streuen und servieren.

Pro Portion: ca. 440 kcal
E 19 g, F 15 g, KH 50 g
Cholesterin: ca. 10 mg

Gelbe Paprika mit Basilikum-Reis-Füllung (Foto)

30 g Basmati-Reis, Jodsalz, 1 Zwiebel, 1 kleine Möhre, 1 TL Olivenöl, 150 g passierte Tomaten, 1 große gelbe Paprika, 10 g Parmesankäse, 3 Zweige Basilikum, Pfeffer

→1 Reis in Salzwasser bei mittlerer Hitze etwa 12 Minuten gar kochen. Abgießen und abtropfen lassen. Zwiebel und Möhre schälen. Beides in kleine Würfel schneiden. Olivenöl in einem Topf erhitzen. Zwiebel und Möhren darin andünsten. Tomaten zugeben und bei mittlerer Hitze etwa 5 Minuten kochen lassen. Mit Salz und Pfeffer würzen.

→2 Von der Paprika einen Deckel abschneiden. Kerne entfernen. Frucht waschen. Käse würfeln. Basilikum waschen, trockenschütteln und die Blättchen abzupfen. Reis mit Käse und Basilikum mischen. Würzen und in die Paprika füllen. Mit Deckel in die Tomatensoße setzen und im geschlossenen Topf etwa 10 Minuten bei mittlerer Hitze gar kochen. Servieren.

Pro Portion: ca. 470 kcal, E 19 g, F 12 g, KH 67 g, Cholesterin: ca. 7 mg

Überbackenes Gemüsebrot

1 Tomate, 100 g Artischockenherzen (Glas), ½ grüne Paprika, 1 große Scheibe Vollkornbrot, Jodsalz, Pfeffer, 4 Kapernäpfel (Glas), 35 g Gouda

→1 Tomate waschen, halbieren und den Stielansatz herausschneiden. Tomate in kleine Würfel schneiden. Artischocken abtropfen lassen und vierteln. Paprika waschen, entkernen und in dünne Streifen schneiden.

→2 Brotscheibe auf ein Backblech (mit Backpapier) legen. Tomate darauf verteilen. Mit Salz und Pfeffer würzen. Artischocken, Paprika und Kapernäpfel darüber verteilen und nochmals würzen. Käse grob auf einer Küchenreibe reiben und über das Gemüse streuen. Brot im vorgeheizten Backofen bei 200 Grad (Umluft: 180 Grad/Gas: Stufe 4) etwa 12 Minuten knusprig überbacken.

Pro Portion: ca. 300 kcal, E 18 g, F 7 g, KH 67 g, Cholesterin: ca. 13 mg

Weniger ist mehr

Nur ganz frisches Gemüse hat den voller Gehalt an Vitaminen und Mineralstoffen. Deshalb sollte es nicht lange gelagert. **Wichtig:** Gemüse nur kurz und in wenig Wasser blanchieren oder garen, damit die Inhaltsstoffe nicht weggeschwemmt werden. Am Besten die Garflüssigkeit mit verwenden, so kann nichts verloren gehen.

koch tipp

Papaya mit Mozzarella (Foto)

1 reife Papaya, 65 g Mozzarella, 1 EL Olivenöl, Jodsalz, Pfeffer, 2 Zweige Basilikum, ½ rote Chili, 3 kleine Scheiben Vollkornbaguette

→1 Papaya schälen, der Länge nach halbieren und mit einem Löffel entkernen. Papaya und Mozzarella in Scheiben schneiden. Auf einem Teller anrichten.

→2 Olivenöl mit Salz und Pfeffer verrühren und darüber träufeln. Basilikum waschen, trockenschütteln und die Blättchen abzupfen. Chili waschen, entkernen und klein schneiden. Mit Basilikum bestreuen.

Pro Portion: ca. 440 kcal
E 16 g, F 25 g, KH 31 g
Cholesterin: ca. 30 mg

Reisplätzchen mit Pilzragout

50 g Parboiled-Reis, Jodsalz, 50 g Möhren, 1 Ei (Größe M), Pfeffer, 100 g gemischte Pilze, 2 Tomaten, 1 TL Olivenöl, 50 ml Gemüsebrühe (Instant), 50 g saure Sahne, ½ Bund Schnittlauch

→1 Reis in Salzwasser bei mittlerer Hitze etwa 15 Minuten gar kochen. Abgießen und gut abtropfen lassen. Etwas abkühlen lassen. Möhren schälen und mit einer Küchenreibe grob raspeln. Mit Reis und Ei gut verrühren und mit Pfeffer würzen.

→2 Pilze abreiben und vierteln. Tomaten waschen, halbieren und die grünen Stielansätze herausschneiden. Tomaten würfeln. 1 TL Olivenöl in einem Topf erhitzen. Pilze und Tomaten darin etwa 4 Minuten andünsten. Brühe und saure Sahne zugeben und mit Salz und Pfeffer würzen. Schnittlauch waschen, trockenschütteln und klein schneiden. Unterrühren.

→3 Restliches Öl in einer Pfanne erhitzen. Aus der Reismasse goldbraune Plätzchen backen. Mit dem Pilzgemüse servieren.

Pro Portion: ca. 470 kcal
E 16 g, F 19 g, KH 53 g
Cholesterin: ca. 259 mg

Gebratener Gemüsereis mit Brombeeren (Foto)

50 g Langkorn-Wildreis-Mischung, Jodsalz, 100 g Zuckerschoten, 1 kleiner Chicorée, 50 g Radicchio-Salat, 75 g Brombeeren, 1 TL Butter, 1 TL Sojasauce, Pfeffer

→1 Reis in Salzwasser bei mittlerer Hitze etwa 25 Minuten gar kochen. Abgießen und abtropfen lassen. Zuckerschoten waschen und in Stücke schneiden. Chicorée und Radicchio in Stücke teilen und den Strunk abschneiden. Salate waschen und trockenschütteln. Brombeeren verlesen.

→2 Butter in einer beschichteten Pfanne erhitzen. Reis und Zuckerschoten etwa 5 Minuten darin anbraten. Dabei vorsichtig umrühren. Chicorée und Radicchio vorsichtig unter den Reis heben. Zum Schluss Brombeeren zugeben. Reis mit Sojasauce, Salz und Pfeffer abschmecken. Servieren.

Pro Portion: ca. 350 kcal, E 8 g, F 10 g, KH 52 g, Cholesterin: ca. 24 mg

Möhren-Frittata mit Kürbis (Foto)

1 Zwiebel, 200 g Möhren,
200 g Hokkaido-Kürbis,
1 EL Olivenöl, 2 Eier (Größe M),
1 TL Honig, 1 TL Senfkörner,
Jodsalz, Pfeffer, Muskatnuss,
½ Bund Rosmarin

→1 Zwiebel, Möhren und Kürbis schälen. Zwiebel klein hacken. Die Möhren in Scheiben schneiden. Kürbis halbieren und würfeln. Olivenöl in einer beschichteten Pfanne erhitzen.

→2 Zwiebel, Möhren und Kürbis in der Pfanne etwa 7 Minuten anbraten lassen. Eier mit Honig und Senfkörnern verquirlen. Mit Salz, Pfeffer und Muskatnuss würzen.

→3 Die Eimasse über das Gemüse gießen und langsam bei mittlerer Hitze etwa 8 Minuten stocken lassen. Rosmarin waschen, trockenschütteln und klein zupfen. Rosmarin auf die Frittata streuen. Mit Hilfe eines Esstellers Frittata wenden und auch von der anderen Seite goldbraun braten.

Pro Portion: ca. 440 kcal
E 20 g, F 26 g, KH 26 g
Cholesterin: ca. 480 mg

Bandnudeln mit Spinatsoße

40 g Bandnudeln, Jodsalz,
1 EL Pinienkerne, 300 g frischer
Blattspinat, 1 Knoblauchzehe,
1 TL Olivenöl, 100 ml Gemüsebrühe (Instant), 50 g fettarmer
Jogurt, Pfeffer, Kurkuma

→1 Bandnudeln in Salzwasser bei mittlerer Hitze etwa 8 Minuten bissfest kochen. Abgießen und abtropfen lassen. Pinienkerne in einer Pfanne ohne Fett rösten, bis sie anfangen zu duften.

→2 Spinat waschen, gut abtropfen lassen und etwas zerkleinern. Knoblauchzehe schälen und klein hacken. Olivenöl in einem Topf erhitzen. Knoblauch darin andünsten. Spinat zugeben und etwa 5 Minuten mitdünsten.

→3 Mit Brühe aufgießen. Jogurt unterrühren. Spinatsoße pürieren und mit Salz, Pfeffer und Kurkuma würzen. Bandnudeln mit Spinatsoße und Pinienkernen servieren.

Pro Portion: ca. 460 kcal
E 32 g, F 15 g, KH 45 g
Cholesterin: ca. 3 mg

Winter-Ratatouille mit Couscous

250 g Hokkaido-Kürbis, 1 kleine Aubergine, 150 g Tomaten, 1 Knoblauchzehe, 1 TL Olivenöl, Jodsalz, Pfeffer, Currypulver, 3 Zweige Thymian, 50 g Couscous

→1 Kürbis entkernen. Kürbis und Aubergine waschen. Beides in Würfel schneiden. Tomaten waschen, vierteln und die grünen Stielansätze herausschneiden. Knoblauch schälen und klein hacken.

→2 Olivenöl in einem Topf erhitzen. Knoblauch, Kürbis und Auberginen darin anbraten. Gemüse mit Salz, Pfeffer und Curry würzen. 100 ml Wasser und die Tomaten zugeben. Thymian waschen, trockenschütteln und Blättchen abzupfen. Zum Gemüse geben. Alles aufkochen und bei mittlerer Hitze etwa 10 Minuten kochen lassen.

→3 125 ml Wasser mit 1 Prise Salz aufkochen. Couscous zugeben und etwa 7 Minuten darin ausquellen lassen. Gemüse nochmals abschmecken und mit dem Couscous servieren.

Pro Portion: ca. 400 kcal, E 11 g, F 14 g, KH 55 g, Cholesterin: 0 mg

Hier kommt nichts weg

Bei Rezepten für eine Person bleibt schon mal etwas Gemüse (z. B. Kürbis, siehe Rezept oben) übrig. Kein Problem. Einfach Gemüse vorbereiten, klein schneiden und dann ab in die Tiefkühltruhe. Das spart Zeit beim nächsten Kochen. Außerdem gibt es so immer einen kleinen Gemüsevorrat.

kochtipp

Asiatische Gemüse-Pfanne

40 g Basmati-Reis, Jodsalz, ½ rote Paprika, 100 g Champignons, 100 g Zuckerschoten, 1 Lauchzwiebel, 1 TL Sojaöl, ½ rote Chili, 20 g Ingwer, 100 ml Gemüsebrühe (Instant), 1 EL Sojasauce, Pfeffer

→1 Basmati-Reis in Salzwasser bei mittlerer Hitze etwa 12 Minuten gar kochen. Abgießen und gut abtropfen lassen. Paprika waschen und die Kerne entfernen. Paprika in Streifen schneiden. Champignons abreiben und vierteln. Zuckerschoten und Lauchzwiebel waschen. Zuckerschoten halbieren. Die Lauchzwiebel in Ringe schneiden.

→2 Sojaöl in einem Topf erhitzen. Paprika und Lauchzwiebel darin andünsten. Zuckerschoten und Champignons zugeben und etwa 5 Minuten mitdünsten. Chili waschen, entkernen und hacken. Ingwer schälen und in Scheiben schneiden. Beides zugeben.

→3 Reis mit Brühe zum Gemüse geben. Etwa 3 Minuten alles zusammen garen. Mit Salz, Sojasauce und Pfeffer abschmecken und servieren.

Pro Portion: ca. 450 kcal
E 26 g, F 11 g, KH 57 g
Cholesterin: 0 mg

Leinsamen-Crêpe mit Schafskäsefüllung

1 Ei (Größe M), 6 EL fettarme Milch, 20 g Weizenvollkornmehl, 1 EL Leinsamen, Jodsalz, 100 g Salatgurke, 50 g Schafskäse, Pfeffer, 1 EL Alfalfa-Sprossen, 1 TL Sojaöl

→1 Ei mit Milch, Weizenvollkornmehl, 1 Prise Salz und Leinsamen in eine Schüssel geben und gut verquirlen. Teig etwa 10 Minuten ruhen lassen.

→2 Salatgurke waschen, halbieren und in Scheiben schneiden. Schafskäse in Würfel schneiden. Gurkenscheiben mit Käse mischen und mit Salz und Pfeffer würzen. Sprossen waschen und gut abtropfen lassen.

→3 Sojaöl in einer beschichteten Pfanne erhitzen. Teig in die Pfanne geben und von beiden Seiten einen goldbraunen Crêpe braten. Käse-Gurken-Mischung und Sprossen darauf verteilen. Nochmals etwas würzen. Crêpe aufrollen und servieren.

Pro Portion: ca. 430 kcal
E 23 g, F 26 g, KH 20 g
Cholesterin: ca. 233 mg

Gebratener Sesamspargel (Foto)

250 g weißer Spargel, Jodsalz, 1 TL Vollrohrzucker, 2 TL Butter, 1 Eigelb (Größe M), 2 EL Paniermehl, 1 EL Sesam, 1 EL Weizenmehl, 1 Schalotte, 3 EL Sahne, 3 EL Orangensaft, Pfeffer

→1 Spargel schälen, Enden abschneiden. Spargel mit Garn zusammenbinden. Schalen waschen. Mit 300 ml Wasser, ¼ TL Salz sowie Zucker im Topf aufkochen. Spargel zugeben, etwa 12 Minuten bei mittlerer Hitze kochen lassen.

→2 Spargel herausnehmen und abtropfen lassen. Den Fond durch ein Sieb geben und auffangen. Eigelb verquirlen. Sesam und Paniermehl mischen. Spargel in Mehl, dann in Ei und anschließend in Sesam wälzen. 1 TL Butter in einer Pfanne erhitzen. Spargel darin goldbraun braten.

→3 Schalotte schälen und hacken. Restliche Butter erhitzen und die Schalotte darin andünsten. 100 ml Spargelfond mit Sahne zugeben und einkochen lassen. Orangensaft zufügen und würzen. Spargel mit Soße servieren.

Pro Portion: ca. 450 kcal, E 15 g, F 27 g, KH 33 g, Cholesterin: ca. 176 mg

Salat mit Reibeplätzchen

½ Frisée-Salat, 1 Orange, 100 g Salatgurke, 50 g Schafskäse, 75 g fettarmer Jogurt, ½ TL Senf, ½ TL Honig,1 TL Zitronensaft, Jodsalz, Pfeffer, 100 g Kartoffeln, 1 Möhre, 1 EL Olivenöl

→1 Salat zerteilen, waschen und trockenschütteln. Orange so schälen, dass die weiße Haut mit entfernt wird. Orangenfilet heraustrennen und den Saft dabei auffangen. Salatgurke waschen und in Scheiben schneiden. Schafskäse würfeln.

→2 Jogurt mit Senf, Honig, Zitronen- und Orangensaft verrühren. Mit Salz und Pfeffer würzen. Kartoffeln und Möhren waschen und schälen. Beides mit einer Küchenreibe grob raspeln. Kartoffeln und Möhren mischen und kräftig würzen.

→3 Olivenöl in einer Pfanne erhitzen. Aus der Kartoffelmasse Röstis backen. Salat mit Orangen, Gurkenscheiben, Schafskäse und Dressing mischen. Röstis mit dem Salat servieren.

Pro Portion: ca. 460 kcal, E 16 g, F 24 g, KH 40 g, Cholesterin: ca. 34 mg

Gemüsenudeln mit Pistazien-Pesto (Foto)

1 Möhre, 100 g grüner Spargel, 1 Lauchzwiebel, 15 g Pistazien, 40 g Bandnudeln, Jodsalz, 10 g Parmesankäse, 40 g Rauke, 50 ml Gemüsebrühe (Instant), 1 EL Olivenöl, Pfeffer, 2 Zweige Kerbel

→1 Möhren schälen. Spargel waschen und die Enden abschneiden. Lauchzwiebel waschen und in ganz dünne Streifen schneiden. Möhren und Spargel mit einem Sparschäler in dünne Scheiben schneiden.

→2 Pistazien in einer Pfanne ohne Fett rösten, bis sie zu duften anfangen. Nudeln in Salzwasser bei mittlerer Hitze etwa 8 Minuten bissfest garen. Die letzten 2 Minuten der Kochzeit Möhren, Spargel und Lauchzwiebel zugeben und mitgaren.

→3 Parmesankäse grob reiben. Rauke waschen, trockenschütteln und die Stielenden abschneiden. Rauke hacken. Pistazien mit dem Pürierstab zerkleinern. Brühe und Öl nach und nach zugeben. Parmesankäse und Rauke unterrühren. Mit Salz und Pfeffer abschmecken. Kerbel waschen, trockenschütteln und die Blättchen abzupfen. Gemüsenudeln mit Pesto und Kerbel servieren.

Pro Portion: ca. 450 kcal
E 15 g, F 23 g, KH 40 g
Cholesterin: ca. 8 mg

Rote Bete in Sesamkruste

250 g rote Bete, Jodsalz, 1 Ei (Größe M), 10 g Parmesankäse, 1 EL Sesamsamen, Pfeffer, 2 TL Sesamöl, 2 Schalotten, 20 g Ingwer,1 EL Sojasauce, 1 TL Honig, 2 Zweige Koriander

→1 Rote Bete waschen und mit Einmalhandschuhen schälen, da sonst die Hände verfärben. In etwas Salzwasser etwa 20 Minuten bei mittlerer Hitze gar kochen. Abgießen, gut abtropfen lassen und in dicke Scheiben schneiden. Ei verquirlen.

→2 Rote Bete darin wenden. Parmesankäse reiben und mit Sesam mischen. Rote Bete von beiden Seiten damit bestreuen. 1 TL Sesamöl in einer Pfanne erhitzen. Rote Bete darin von beiden Seiten etwa 6 Minuten anbraten.

→3 Schalotten und Ingwer schälen und klein schneiden. Restliches Öl in einem kleinen Topf erhitzen. Schalotten und Ingwer darin anbraten. Mit Salz, Pfeffer, Sojasauce und Honig würzen. Koriander vorsichtig waschen, trockenschütteln und die Blättchen abzupfen. Rote Bete mit Ingwersoße und Koriander servieren.

Pro Portion: ca. 460 kcal
E 19 g, F 27 g, KH 32 g
Cholesterin: ca. 247 mg

Buntes Gemüse-Curry (Foto)

500 g Blumenkohl,
200 g Kartoffeln, 2 Möhren,
1 Zwiebel, 1 TL Sojaöl,
250 ml Gemüsebrühe (Instant),
Jodsalz, Pfeffer, Currypulver,
100 g fettarmer Jogurt,
½ Bund Petersilie

→1 Blumenkohl in Röschen teilen. Kartoffeln, Möhren und Zwiebel schälen und klein schneiden. Öl erhitzen. Zwiebel darin andünsten. Gemüse zugeben und mitdünsten.

→2 Brühe zugießen. Mit Salz, Pfeffer und Curry würzen und etwa 15 Minuten bei mittlerer Hitze kochen lassen. Jogurt zugeben. Petersilie waschen, trockenschütteln, abzupfen. Curry damit servieren.

Pro Portion: ca. 440 kcal
E 22 g, F 11 g, KH 57 g
Cholesterin: ca. 5 mg

Sesamkartoffeln mit Gorgonzola-Dip

200 g kleine Kartoffeln,
Jodsalz, 150 g Magerquark,
1 EL fettarme Milch,
30 g Gorgonzola-Käse, Pfeffer,
½ Bund Kerbel, 1 TL Sesamöl,
1 TL Sesamsamen

→1 Kartoffeln waschen und schälen. In Salzwasser bei mittlerer Hitze in etwa 15 Minuten gar kochen. Abgießen und gut abtropfen lassen.

→2 Magerquark mit Milch und dem Gorgonzola gut verrühren. Mit Salz und Pfeffer würzen. Kerbel waschen, trockenschütteln und die Blättchen abzupfen. Kerbel zum Quark geben und unterrühren. Abschmecken.

→3 Sesamöl in einer Pfanne erhitzen. Sesam darin anrösten. Kartoffeln zugeben, wenden und kurz im Sesam braten. Kartoffeln mit Kerbelquark servieren.

Pro Portion: ca. 480 kcal
E 31 g, F 18 g, KH 40 g
Cholesterin: ca. 22 mg

Gratinierter Fenchel (Foto)

2 kleine Fenchelknollen, 1 kleine Aubergine, Jodsalz, Pfeffer, 1 EL Olivenöl, 50 ml Gemüsebrühe (Instant), 2 Vollkorn-Zwiebäcke, 1 TL grüner Pfeffer, 50 g fettarmer Frischkäse, 1 Limette

→1 Den Fenchel waschen und halbieren. Aubergine waschen und in Scheiben schneiden. Fenchel und Aubergine mit Salz und Pfeffer würzen. Gemüse in eine feuerfeste Auflaufform geben. Mit Olivenöl und Gemüsebrühe beträufeln.

→2 Zwieback zerbröseln. Mit Salz, Pfeffer und Frischkäse verrühren. Limette auspressen, zugeben und unterrühren. Masse gleichmäßig auf dem Gemüse verteilen. Im vorgeheitzen Backofen bei 180 Grad (Umluft: 160 Grad/Gas: Stufe 3) etwa 25 Minuten gratinieren.

Pro Portion: ca. 360 kcal, E 18 g, F 16 g, KH 32 g, Cholesterin: ca. 12 mg

Gebratene Limetten und Kohlrabi (Foto)

300 g Kohlrabi, 1 unbehandelte Limette, Jodsalz, Pfeffer, 10 g Butter, 1 EL Weizenmehl, 150 ml fettarme Milch, 50 g saure Sahne, 1 Bund Schnittlauch, 1 EL Olivenöl, 10 g Parmesankäse, 2 Zweige Thymian

➔1 Kohlrabi schälen, halbieren und in Scheiben schneiden. Limette in Scheiben schneiden. Beides mit Salz und Pfeffer würzen.

➔2 Butter in einem Topf bräunen. Mehl einrühren und kurz mitbräunen. Milch nach und nach mit einem Schneebesen unterrühren. Aufkochen lassen und mit Salz und Pfeffer würzen. Saure Sahne einrühren. Schnittlauch waschen, trockenschütteln und klein schneiden. Schnittlauch zur Soße geben und unterrühren.

➔3 Olivenöl in einer Pfanne erhitzen. Kohlrabi- und Limettenscheiben darin anbraten. Parmesankäse reiben. Thymian waschen, trockenschütteln und Blättchen abzupfen. Soße nochmals abschmecken. Gemüse mit Käse und Thymian bestreuen. Mit der Soße servieren.

Pro Portion: ca. 470 kcal
E 17 g, F 30 g, KH 28 g
Cholesterin: ca. 57 mg

Pfannengerührte Gemüsenudeln

50 g Bandnudeln, Jodsalz, 200 g Möhren, 1 Stange Staudensellerie, 2 Lauchzwiebeln, 1 TL Sojaöl, 30 g Erdnüsse, 30 g Alfalfa-Sprossen, 2 EL Sojasauce, 2 EL Weinessig, 1 TL Honig

➔1 Bandnudeln in Salzwasser bei mittlerer Hitze etwa 8 Minuten bissfest kochen. Abgießen und abtropfen lassen. Möhren schälen und in Scheiben schneiden. Staudensellerie und Lauchzwiebeln waschen und in Ringe schneiden.

➔2 Sojaöl in einer Pfanne erhitzen. Zwiebeln darin andünsten. Möhren und Staudensellerie zufügen und etwa 5 Minuten unter Rühren andünsten. Bandnudeln zugeben.

➔3 Erdnüsse hacken. Sprossen waschen und trockenschütteln. Beides zum Gemüse geben. Mit Sojasauce, Essig und Honig abschmecken. Etwa 3 Minuten unter Rühren weitergaren und servieren.

Pro Portion: ca. 460 kcal
E 16 g, F 17 g, KH 56 g
Cholesterin: 0 mg

Gefüllte Champignons mit Rosenkohlpüree (Foto)

200 g Rosenkohl, 1 mehlig kochende Kartoffel, Jodsalz, 4 große Champignons, 2 TL Olivenöl, Muskatnuss, 150 g Tomaten, 1 Knoblauchzehe, 1 Zweig Thymian, Pfeffer, 30 g Ziegenkäse

→1 Rosenkohl waschen und zerteilen. Einige Blätter beiseite legen. Kartoffel schälen. Mit Kohl in Salzwasser etwa 20 Minuten gar kochen. Abgießen, die Flüssigkeit auffangen. Gemüse mit etwas Kochwasser pürieren.

→2 Champignons abreiben und Stiele herausbrechen. 1 TL Öl erhitzen. Stiele darin anbraten. Püree mit Salz, Pfeffer und Muskat würzen. In die Champignons füllen. Käse reiben und darüber streuen. Pilze und Stiele in eine Auflaufform geben. Etwa 5 Minuten im vorgeheizten Backofen bei 220 Grad (Umluft: 200 Grad/Gas: Stufe 4) gratinieren.

→3 Tomaten waschen, halbieren und würfeln. Knoblauch schälen und hacken. Thymian waschen, trockenschütteln und die Blättchen abzupfen. Restliches Öl erhitzen. Tomaten, Knoblauch und Kohlblätter darin andünsten. Thymian zugeben und mit Pilzen servieren.

Pro Portion: ca. 470 kcal
E 23 g, F 23 g, KH 37 g
Cholesterin: ca. 27 mg

Schafskäse mit Paprikagemüse

125 g Schafskäse, Jodsalz, Pfeffer, je ½ rote, gelbe und grüne Paprika, 2 Lauchzwiebeln, 1 TL Olivenöl, 2 EL Balsamico-Essig

→1 Schafskäse halbieren. Mit Salz und Pfeffer würzen. In eine feuerfeste Auflaufform legen und im vorgeheizten Backofen bei 220 Grad (Umluft: 200 Grad/Gas: Stufe 4) etwa 10 Minuten backen.

→2 Paprika waschen, halbieren und die Kerne entfernen. Paprika in dünne Streifen schneiden. Lauchzwiebeln waschen und in Ringe schneiden. Olivenöl in einem Topf erhitzen. Lauchzwiebeln und Paprikastreifen darin etwa 5 Minuten dünsten. Mit Salz und Pfeffer würzen. Balsamico-Essig zugeben und etwa 3–4 Minuten weitergaren.

→3 Paprikagemüse nochmals abschmecken und mit dem Schafskäse servieren.

Pro Portion: ca. 450 kcal
E 25 g, F 30 g, KH 12 g
Cholesterin: ca. 75 mg

Gemüsereis mit Koriander-Jogurt

50 g Vollkornreis, Jodsalz,
½ gelbe Paprika,
2 Lauchzwiebeln, 200 g Zucchini,
1 TL Sesamöl, Pfeffer,
50 g fettarmer Jogurt,
2 TL Limettensaft,
2 Zweige Koriander

→1 Reis in Salzwasser bei mittlerer Hitze etwa 25 Minuten gar kochen. Abgießen und gut abtropfen lassen. Paprika waschen und die Kerne entfernen. Paprika würfeln. Lauchzwiebeln waschen und in Ringe schneiden. Zucchini waschen, halbieren und in Scheiben schneiden.

→2 Sesamöl in einer Pfanne erhitzen. Paprika, Lauchzwiebeln und Zucchini darin etwa 6 Minuten anbraten. Mit Salz und Pfeffer würzen. Reis mit 3 EL Wasser unterrühren und etwa 5 Minuten mitbraten.

→3 Jogurt mit Salz, Pfeffer und Limettensaft verrühren. Koriander vorsichtig waschen, trockenschütteln und die Blättchen abzupfen. Unter den Jogurt rühren. Reis von der Herdplatte nehmen. Jogurt einrühren und servieren.

Pro Portion: ca. 350 kcal
E 10 g, F 8 g, KH 54 g
Cholesterin: ca. 3 mg

Überbackenes Gemüse

200 g Zucchini, 250 g Tomaten,
200 g Aubergine,
150 g braune Champignons,
1 TL Kreuzkümmel,
Jodsalz, Pfeffer, 1 EL Olivenöl,
2 Zweige Rosmarin,
2 EL Pinienkerne

→1 Zucchini waschen, Enden abschneiden. Tomaten waschen, halbieren und die grünen Stielansätze herausschneiden. Aubergine waschen und halbieren. Champignons abreiben. Zucchini und Aubergine in Scheiben schneiden. Tomaten vierteln. Pilze halbieren.

→2 Gemüse in einer feuerfesten Auflaufform mischen. Mit Kreuzkümmel, Salz und Pfeffer würzen. Olivenöl mit einem Löffel über das Gemüse träufeln. Rosmarin waschen, trockenschütteln und zerkleinern. Pinienkerne hacken. Beides über das Gemüse streuen.

→3 Gemüse im vorgeheizten Backofen bei 200 Grad (Umluft: 180 Grad/Gas: Stufe 3) etwa 10 Minuten überbacken. Servieren.

Pro Portion: ca. 400 kcal
E 17 g, F 24 g, KH 23 g
Cholesterin: 0 mg

Sauerrahm-Pizza mit Champignons (Foto)

30 g Quark, 50 g Weizenmehl (Typ 550), Jodsalz, 1 TL Backpulver, 1 TL Sesamöl, 1 EL fettarme Milch, 1 Eigelb, 30 g saure Sahne, 200 g Champignons, 2 Tomaten, Pfeffer, 10 g Parmesankäse, 1 Zweig Thymian

→1 Quark, Mehl, 1 TL Salz, Backpulver, Sesamöl, Milch und Eigelb in eine Schüssel geben. Mit dem Handrührgerät (Knethaken) zu einem glatten Teig verarbeiten. Auf einem Backblech (gefettet, mit Backpapier belegt) rund ausrollen. Teig mit saurer Sahne bestreichen.

→2 Pilze abreiben und in Scheiben schneiden. Tomaten waschen, halbieren und würfeln. Mit Pilzen auf dem Teig verteilen. Würzen. Parmesankäse reiben. Thymian waschen, trockenschütteln und die Blättchen abzupfen. Pizza mit Thymian und Käse bestreuen. Im vorgeheizten Backofen bei 220 Grad (Umluft: 200 Grad/Gas: Stufe 4) etwa 15 Minuten backen.

Pro Portion: ca. 490 kcal, E 22 g, F 22 g, KH 43 g, Cholesterin: ca. 400 mg

Gemüsecurry mit Mandelreis (Foto)

50 g Parboiled-Reis, Jodsalz,
1 EL Mandeln, 100 g Möhren,
½ rote Paprika, 100 g Aprikosen,
100 g Aubergine, 1 TL Sojaöl,
100 ml Möhrensaft,
je ¼ TL Currypulver und
Kreuzkümmel, Pfeffer

➔1 Reis in Salzwasser in etwa 15 Minuten bei mittlerer Hitze gar kochen. Abgießen. Mandeln grob hacken. Möhren schälen. Paprika waschen, halbieren und entkernen. Aprikosen waschen, halbieren und den Stein entfernen. Auberginen waschen und halbieren. Obst und Gemüse in Scheiben oder Stücke schneiden.

➔2 Sojaöl in einem Topf erhitzen. Möhren und Paprika darin etwa 5 Minuten andünsten. Auberginen und Aprikosen zufügen und 3 Minuten mitdünsten. Möhrensaft und 50 ml Wasser zugießen. Mit Curry, Kreuzkümmel, Salz und Pfeffer pikant würzen. Bei mittlerer Hitze etwa 10 Minuten kochen lassen.

➔3 Reis mit Mandeln gleichmäßig vermischen. Curry nochmals abschmecken und mit dem Reis servieren.

Pro Portion: ca. 440 kcal
E 11 g, F 13 g, KH 64 g
Cholesterin: 0 mg

Gratinierter grüner Spargel mit Walnuss

1 Stange Zitronengras,
40 g Basmati-Reis, Jodsalz,
600 g grüner Spargel,
Pfeffer, 10 g Walnusskerne,
65 g Mozzarella

➔1 Zitronengrasstange halbieren. Reis mit Zitronengras in Salzwasser in etwa 15 Minuten bei mittlerer Hitze gar kochen. Zitronengras herausnehmen. Reis abgießen und abtropfen lassen.

➔2 Spargel waschen und die Enden abschneiden. Spargel in etwas Salzwasser etwa 8 Minuten gar kochen. Abgießen und abtropfen lassen. Spargel in eine feuerfeste Form legen und mit Salz und Pfeffer würzen.

➔3 Walnüsse hacken. Mozzarella fein würfeln. Beides über dem Spargel verteilen. Im vorgeheizten Backofen bei 220 Grad (Umluft: 200 Grad/Gas: Stufe 4) etwa 5 Minuten gratinieren lassen. Spargel mit dem Reis servieren.

Pro Portion: ca. 460 kcal
E 30 g, F 16 g, KH 45 g
Cholesterin: ca. 30 mg

Gemüsenudeln mit Parmesan

1 Möhre, 1 kleine Zucchini, 50 g Vollkornbandnudeln, Jodsalz, 40 g fettarmer Schmelzkäse, Pfeffer aus der Mühle, ½ Bund Schnittlauch, 10 g Parmesankäse

→1 Möhre und Zucchini waschen. Möhre schälen. Beides mit einem Sparschäler in ganz dünne Scheiben schneiden. Nudeln in Salzwasser in etwa 8 Minuten bei mittlerer Hitze bissfest kochen. Nach 4 Minuten Gemüsestreifen zugeben und mitkochen. Abgießen und 100 ml Kochflüssigkeit auffangen. Gemüsenudeln gut abtropfen lassen.

→2 Nudelwasser mit Schmelzkäse in einem Topf erhitzen. Mit Salz und Pfeffer würzen. Schnittlauch waschen, trockenschütteln und klein schneiden. Mit Gemüsenudeln und Soße vermengen. Parmesankäse hobeln und auf die Nudeln streuen. Servieren.

Pro Portion: ca. 400 kcal, E 18 g, F 13 g, KH 46 g, Cholesterin: ca. 31 mg

abendbrot: fisch & fleisch

Super Mischung! Geflügel, Schweinefilet, Lachs oder Zander liefern zusammen mit Salat oder Gemüse die Extraportion Eiweiß für viel Muskelpower und Ausdauer

Lachsfilet mit Spinat und Limetten-Pesto

1 rote Zwiebel, 1 unbehandelte Limette, Jodsalz, Pfeffer, 1 TL Honig, 3 TL Sesamöl, 50 g Blattspinat, 40 g Alfalfa-Sprossen, 125 g Bio-Lachsfilet, ½ Bund Basilikum, 20 g Walnusskerne

→1 Zwiebel schälen und in kleine Würfel schneiden. Limette heiß abwaschen und die Schale dünn abreiben. Limette auspressen. Zwiebel, 1 EL Saft, Jodsalz, Pfeffer, Honig und 1 TL Öl verrühren. Spinat waschen, trockenschütteln und Stiele abschneiden. Spinatblätter klein zupfen. Sprossen waschen und gut abtropfen lassen.

→2 Spinat mit den Sprossen mischen. Limettendressing darüber träufeln. Restlichen Limettensaft, die Hälfte der Limettenschale, 75 ml Wasser, 1 Prise Salz und Pfeffer in einem Topf aufkochen. Lachs abspülen und mit Küchenpapier trockentupfen. Lachs in der Flüssigkeit etwa 4 Minuten bei mittlerer Hitze abgedeckt dünsten.

→3 Basilikum waschen, trockenschütteln und die Blättchen abzupfen. Mit Walnüssen, restlicher Limettenschale und restlichem Öl pürieren. Lachs mit Pesto und Salat servieren.

Pro Portion: ca. 440 kcal
E 26 g, F 30 g, KH 10 g
Cholesterin: ca. 32 mg

Gemüsepfanne mit Krabben (Foto)

50 g Zartweizen, Jodsalz,
150 g Möhren, 150 g Zucchini,
2 Zwiebeln, 1 Knoblauchzehe,
1 TL Olivenöl, 75 g saure Sahne,
75 ml Gemüsebrühe (Instant),
Currypulver, Pfeffer, 2 Zweige
Rosmarin, 50 g Krabben,
1 Zitrone

➜1 Zartweizen mit 150 ml Salzwasser aufkochen und bei mittlerer Hitze etwa 8 Minuten gar kochen. Möhren schälen. Zucchini waschen und Enden abschneiden. Gemüse in Scheiben schneiden. Zwiebeln und Knoblauch schälen und würfeln.

➜2 Olivenöl in einer Pfanne erhitzen. Zwiebeln und Knoblauch darin andünsten. Zucchini und Möhren zugeben und kurz mitdünsten. Saure Sahne, Brühe und 50 ml Wasser zugeben. Mit Currypulver, Salz und Pfeffer würzen.

➜3 Rosmarin waschen, trockenschütteln und klein zupfen. Zusammen mit Krabben und Zartweizen zugeben. Bei mittlerer Hitze etwa 5 Minuten garen lassen. Zitrone auspressen. Gemüsepfanne mit Salz, Pfeffer und Zitronensaft abschmecken. Servieren.

Pro Portion: ca. 460 kcal
E 22 g, F 17 g, KH 48 g
Cholesterin: ca. 107 mg

Putenbrust auf Spargelsalat

150 g Kartoffeln, Jodsalz,
300 g grüner Spargel, 1 kleine
rote Zwiebel, 3 TL Walnussöl,
2 TL Weinessig, ½ TL Senf,
½ unbehandelte Zitrone,
Pfeffer, 100 g Putenbrust,
Paprikapulver

➜1 Kartoffeln schälen und waschen. In Salzwasser bei mittlerer Hitze etwa 17 Minuten gar kochen. Abgießen und erkalten lassen. Kartoffeln in Scheiben schneiden. Spargel waschen und die Enden abschneiden. Spargel in wenig Salzwasser etwa 8 Minuten gar kochen. Abgießen und 3 EL Spargelwasser aufbewahren.

➜2 Zwiebel schälen und in Ringe schneiden. Zitronenschale abreiben und mit 2 TL Öl sowie Essig, Senf und Spargelwasser verrühren. Mit Salz und Pfeffer würzen. Kartoffeln, Spargel und Zwiebel mit Dressing mischen.

➜3 Putenbrust abspülen und mit Küchenpapier trockentupfen. In Streifen schneiden. Restliches Öl in einer beschichteten Pfanne erhitzen. Fleisch darin etwa 10 Minuten knusprig anbraten. Mit Salz und Pfeffer würzen und mit dem Salat servieren.

Pro Portion: ca. 430 kcal
E 35 g, F 14 g, KH 35 g
Cholesterin: ca. 60 mg

Schweinefilet mit Kohlrabi-Gratin

200 g Kohlrabi, Jodsalz, 3 Zweige Liebstöckel, Pfeffer, 50 g saure Sahne, 100 g Schweinefilet, 1 TL Olivenöl, 50 ml Gemüsebrühe (Instant), 20 g Cheddar

→1 Kohlrabi schälen und in dünne Scheiben schneiden. In etwas Salzwasser bei mittlerer Hitze 10 Minuten garen lassen. Abgießen. Liebstöckel waschen, trockenschütteln und die Blättchen abzupfen. Kohlrabi in eine Auflaufform schichten. Mit Salz und Pfeffer würzen. Die Hälfte der Sahne und den Liebstöckel darüber geben. Im vorgeheizten Backofen bei 180 Grad (Umluft: 160 Grad/ Gas: Stufe 3) etwa 20 Minuten überbacken.

→2 Fleisch abspülen und mit Küchenpapier trockentupfen. In Streifen schneiden. Öl in einer Pfanne erhitzen. Fleisch darin knusprig anbraten. Mit Salz und Pfeffer würzen. Mit restlicher Sahne und Brühe ablöschen. Aufkochen und etwa 5 Minuten bei mittlerer Hitze kochen lassen.

→3 Käse in Scheiben schneiden. Auf dem Gratin verteilen. Kurz im Ofen schmelzen lassen. Mit Fleisch servieren.

Pro Portion: ca. 460 kcal
E 31 g, F 30 g, KH 10 g
Cholesterin: ca. 120 mg

Kartoffel-Pfanne mit Zucchini und Scampi

250 g kleine Kartoffeln, Jodsalz, 200 g Zucchini, ½ Bund Dill, 100 g Magerquark, 2 EL fettarme Milch, 75 g Scampi, Pfeffer, 1 TL Olivenöl

→1 Kartoffeln gründlich waschen und mit Schale in Salzwasser etwa 15 Minuten gar kochen. Abgießen. Zucchini waschen und die Enden abschneiden. Zucchini längs halbieren und in Scheiben schneiden. Kartoffeln in Spalten schneiden.

→2 Dill waschen, trockenschütteln und klein hacken. Quark mit Milch und der Hälfte vom Dill verrühren. Mit Salz und Pfeffer würzen. Scampi abspülen und mit Küchenpapier trockentupfen.

→3 Olivenöl in einer beschichteten Pfanne erhitzen. Kartoffeln, Zucchini und Scampi darin etwa 6 Minuten knusprig anbraten. Restlichen Dill zugeben. Mit Salz und Pfeffer würzen. Mit Quark servieren.

Pro Portion: ca. 470 kcal
E 36 g, F 9 g, KH 53 g
Cholesterin: ca. 122 mg

Bandnudeln mit Avocado-Zander-Soße (Foto)

100 g Zanderfilet, 50 g Avocado, 200 g braune Champignons,
40 g Bandnudeln, Jodsalz, 1 TL Olivenöl, Pfeffer, 2 EL Zitronensaft,
50 g Ziegenfrischkäse, 50 ml Gemüsebrühe (Instant), 3 Zweige Dill

→1 Zanderfilet abspülen, mit Küchenpapier trockentupfen und in Würfel schneiden. Avocado schälen und in Spalten schneiden. Champignons abreiben und klein schneiden. Bandnudeln in Salzwasser bei mittlerer Hitze etwa 8 Minuten bissfest kochen. Abgießen.

→2 Olivenöl in einer beschichteten Pfanne erhitzen. Avocado und Champignons darin anbraten. Zander zugeben. Mit Salz und Pfeffer würzen. Zitronensaft, Ziegenkäse und Brühe zufügen. Aufkochen und bei mittlerer Hitze etwa 5 Minuten garen lassen. Soße abschmecken. Dill waschen, trockenschütteln, hacken und unterrühren. Nudeln mit Soße servieren.

Pro Portion: ca. 480 kcal, E 33 g, F 20 g, KH 34 g, Cholesterin: ca. 81 mg

Rotbarsch mit kerniger Kräuter-Kruste (Foto)

100 g Rotbarschfilet, Jodsalz, Pfeffer, 2 Zwiebäcke, ½ Bund glatte Petersilie, 1 Limette, 10 g Pinienkerne, 1 EL Olivenöl, 100 g Zucchini, 100 g Cocktail-Tomaten, 75 ml Gemüsebrühe (Instant), 1 EL helle Sojasauce

→1 Fischfilet abspülen und mit Küchenpapier trockentupfen. Mit Salz und Pfeffer würzen. Zwieback fein zerbröseln. Petersilie waschen, trockenschütteln und die Blättchen abzupfen. Blättchen klein hacken. Limette auspressen. Zwieback mit Pinienkernen, der Hälfte Petersilie, Saft und der Hälfte Öl verrühren.

→2 Fisch in eine feuerfeste Form legen. Zwiebackmasse darauf verteilen. Im vorgeheizten Backofen bei 200 Grad (Umluft: 180 Grad/ Gas: Stufe 4) etwa 13 Minuten gratinieren.

→3 Zucchini waschen, halbieren und in Stücke schneiden. Tomaten waschen, halbieren und die Stielansätze herausschneiden. Restliches Olivenöl in einem Topf erhitzen. Tomaten und Zucchini darin andünsten. Gemüsebrühe und Sojasoße zugeben. Gemüse mit Salz und Pfeffer würzen. Etwa 5 Minuten dünsten lassen. Fisch mit restlicher Petersilie bestreuen. Mit Gemüse servieren.

Pro Portion: ca. 460 kcal
E 28 g, F 22 g, KH 30 g
Cholesterin: ca. 88 mg

Röstkartoffeln mit Putenfilet und Dip

150 g kleine Kartoffeln, 1 EL Olivenöl, Jodsalz, Chilipulver, 1 rote Paprika, 1 Lauchzwiebel, 150 g Magerquark, 3 EL fettarme Milch, Pfeffer, ½ Bund Schnittlauch, 100 g Putenbrustfilet

→1 Kartoffeln gründlich waschen und ungeschält in Spalten schneiden. Mit gut der Hälfte vom Öl die Kartoffelspalten bestreichen. Mit Salz und Chilipulver würzen. Anschließend in einer Pfanne die Kartoffeln etwa 15 Minuten braten, bis sie gar sind.

→2 Paprika und Lauchzwiebel waschen. Paprika halbieren und die Kerne herausschneiden. Paprika würfeln. Lauchzwiebel in Ringe schneiden. Magerquark mit Milch verrühren. Gemüse unterrühren. Mit Salz und Pfeffer würzen. Schnittlauch waschen, trockenschütteln und klein schneiden. Mit dem Quark vermischen.

→3 Putenbrust abspülen und mit Küchenpapier trockentupfen. Restliches Öl in einer beschichteten Pfanne erhitzen. Putenbrust darin etwa 7 Minuten knusprig anbraten. Mit Salz und Pfeffer würzen. Mit Kartoffeln und Quark servieren.

Pro Portion: ca. 470 kcal
E 44 g, F 12 g, KH 38 g
Cholesterin: ca. 62 mg

Sesam-Barsch auf Kartoffelpüree

200 g Kartoffeln, Jodsalz, ½ Bund Schnittlauch, 120 g Goldbarschfilet, Pfeffer, 1 EL Sesamsamen, 1 TL Sesamöl, 2 EL heller Balsamico-Essig, ½ TL mittelscharfer Senf, 50 g Feldsalat, 50 ml fettarme Milch

→1 Kartoffeln schälen, waschen und in Salzwasser bei mittlerer Hitze etwa 15 Minuten gar kochen. Schnittlauch waschen, trockenschütteln und klein schneiden.

→2 Fisch abspülen, mit Küchenpapier trockentupfen. Mit Salz und Pfeffer würzen und in Sesam wenden. Öl in einer Pfanne erhitzen. Fisch darin etwa 10 Minuten goldgelb anbraten. Herausnehmen. Bratfett mit Essig und Senf verrühren.

→3 Feldsalat waschen, trockenschütteln und evtl. zerkleinern. Mit Dressing mischen. Kartoffeln mit Milch pürieren. Schnittlauch unterrühren. Mit Salz und Pfeffer würzen. Fisch mit Salz und Kartoffelpüree servieren.

Pro Portion: ca. 450 kcal
E 31 g, F 17 g, KH 38 g
Cholesterin: ca. 87 mg

Seelachs mit Oliven in Tomatensoße

50 g Basmati-Reis, Jodsalz, 1 Schalotte, 1 TL Olivenöl, 1 kleine Dose Tomaten, Pfeffer, 2 Zweige Rosmarin, 100 g Seelachsfilet, 150 g Champignons, 6 schwarze Oliven ohne Stein

→1 Basmati-Reis in Salzwasser bei mittlerer Hitze etwa 15 Minuten gar kochen. Schalotte schälen und klein würfeln. Olivenöl in einem Topf erhitzen. Schalotte darin andünsten. Tomaten aus der Dose zugeben und etwa 10 Minuten bei mittlerer Hitze einkochen lassen. Pürieren und mit Salz und Pfeffer würzen. Rosmarin waschen, trockenschütteln und klein schneiden.

→2 Fischfilet abspülen und mit Küchenpapier trockentupfen. In die Tomatensoße geben und etwa 6 Minuten bei mittlerer Hitze darin garen lassen. Champignons abreiben und in Scheiben schneiden. Oliven halbieren.

→3 Champignons und Oliven zum Fisch geben und etwa 3 Minuten miterhitzen. Reis abgießen und mit Fischfilet servieren.

Pro Portion: ca. 470 kcal
E 30 g, F 12 g, KH 54 g
Cholesterin: ca. 60 mg

Schweinefilet auf Apfel-Chicorée-Salat (Foto)

100 g Chicorée, 1 Apfel, ½ kleiner Frisée-Salat, 4 Zweige Zitronenmelisse, 100 g Schweinefilet, 1 EL Olivenöl, Jodsalz, Pfeffer, 50 g fettarmer Jogurt, 1 EL Zitronensaft, 1 EL Honig, 10 g Haselnüsse

→1 Chicorée waschen, halbieren und den Strunk herausschneiden. Apfel waschen, halbieren und entkernen. Apfel in Stifte schneiden. Salat zerteilen, waschen und trockenschleudern. Salat klein zupfen. Zitronenmelisse waschen, trockenschütteln, Blättchen abzupfen und klein schneiden.

→2 Fleisch abspülen und mit Küchenpapier trockentupfen. Olivenöl in einer beschichteten Pfanne erhitzen. Fleisch darin in etwa 10 Minuten anbraten, mit Salz und Pfeffer würzen. Fleisch in Scheiben schneiden. Jogurt mit Zitronensaft, Honig und Melisse verrühren. Nüsse hacken. Chicorée, Salat, Apfel, Nüsse und Fleisch mischen und mit Jogurtsoße beträufeln. Servieren.

Pro Portion: ca. 450 kcal, E 25 g, F 26 g, KH 22 g, Cholesterin: ca. 68 mg

Rotbarsch-Curry mit Gemüse

2 Möhren, 10 g Ingwer,
200 g Brokkoli, 2 Lauchzwiebeln,
1 Stange Staudensellerie,
50 g Basmati-Reis, Jodsalz,
100 ml Gemüsebrühe,
10 g Ingwer, 100 g Rotbarschfilet,
Pfeffer, ½ TL Currypulver

→1 Möhren und Ingwer schälen. Brokkoli, Lauchzwiebeln und Sellerie waschen. Brokkoli in kleine Röschen schneiden. Lauchzwiebeln und Sellerie in Ringe schneiden. Ingwer hacken. Möhren in dünne Scheiben schneiden.

→2 Basmati-Reis in Salzwasser bei mittlerer Hitze etwa 15 Minuten gar kochen. Gemüsebrühe in einem Topf erhitzen. Brokkoli und Möhren darin bei mittlerer Hitze etwa 5 Minuten garen.

→3 Fischfilet abspülen und mit Küchenpapier trockentupfen. Mit Lauchzwiebeln, Staudensellerie, und Ingwer zur Gemüsebrühe geben und weitere 6 Minuten mitgaren. Fisch mit Salz, Pfeffer und Currypulver würzen. Reis abgießen und mit dem Curry servieren.

Pro Portion: ca. 410 kcal
E 30 g, F 5 g, KH 53 g
Cholesterin: ca. 70 mg

Eisen aus fettarmem Fleisch unterstützt die Bildung von roten Blutkörperchen. Diese aktivieren den Sauerstofftransport im Körper. Das macht auch beim Abnehmen fit und munter.

vital tipp

Marinierter Kohlsalat mit Parmaschinken (Foto)

100 g Rosenkohl, 150 g Blumenkohl, Jodsalz, 10 g frischer Ingwer, 2 EL Olivenöl, 1 EL Balsamico-Essig, 1 TL Sojasauce, Pfeffer, 100 g Feldsalat, 2 Scheiben Parmaschinken

→1 Rosen- und Blumenkohl waschen. Blumenkohl in kleine Röschen teilen. Kohl in etwas Salzwasser bei mittlerer Hitze etwa 6 Minuten bissfest garen. Ingwer schälen und mit einer Küchenreibe fein raspeln. Olivenöl, Essig und Ingwer verrühren. Mit Salz und Pfeffer würzen.

→2 Rosen- und Blumenkohl mit dem Dressing gut vermischen. Etwa 15 Minuten marinieren. Feldsalat waschen, trockenschütteln und evtl. zerkleinern. Kohl mit Feldsalat und Schinken auf einem Teller servieren.

Pro Portion: ca. 390 kcal, E 16 g, F 30 g, KH 10 g, Cholesterin: ca. 24 mg

Kartoffel-Rösti mit Lachsfilet (Foto)

200 g kleine Kartoffeln, Jodsalz, Pfeffer, 2 Zweige Thymian, 100 g Bio-Lachsfilet, ½ unbehandelte Limette, 60 g Rauke, 1 TL Olivenöl

→1 Kartoffeln schälen, waschen und auf einer Küchenreibe grob raspeln. Mit Salz und Pfeffer würzen. Thymian waschen, trockenschütteln und die Blättchen abzupfen. Zur Kartoffelmasse geben und untermischen.

→2 Lachsfilet abspülen und mit Küchenpapier trockentupfen. Limette auspressen. Lachs damit beträufeln. Rauke waschen, trockenschütteln und die Stielenden abschneiden.

→3 Olivenöl in einer beschichteten Pfanne erhitzen. Aus der Kartoffelmasse in etwa 6 Minuten einen goldbraunen Rösti braten. Aus der Pfanne nehmen und warm stellen. Lachsfilet in der Pfanne von jeder Seite etwa 4 Minuten knusprig braten. Mit Salz und Pfeffer würzen. Lachs mit Rauke und Kartoffelrösti servieren.

Pro Portion: ca. 450 kcal
E 25 g, F 20 g, KH 36 g
Cholesterin: ca. 32 mg

Tunfisch-Carpaccio mit Majoran-Birnen-Soße

50 g Feldsalat, ½ rote Paprika, ½ Birne, 3 Zweige Majoran, 50 g fettarmer Jogurt, ½ TL Senf, ½ TL Honig, 80 g ganz frisches Tunfischfilet, 1 TL Zitronensaft, Jodsalz, Pfeffer

→1 Feldsalat waschen und trockenschütteln. Paprika waschen und die Kerne herausschneiden. Frucht in Streifen schneiden. Birne schälen und das Kerngehäuse herausschneiden. Majoran waschen, trockenschütteln und die Blättchen abzupfen.

→2 Jogurt, Senf, Honig, Birne und Majoran pürieren. Fischfilet abspülen und mit Küchenpapier trockentupfen. In sehr dünne Scheiben schneiden. Mit Zitronensaft beträufeln und mit Salz und Pfeffer würzen.

→3 Birnendressing mit Salz und Pfeffer abschmecken. Feldsalat mit Paprika und Tunfisch anrichten. Dressing darüber geben und servieren.

Pro Portion: ca. 340 kcal
E 24 g, F 10 g, KH 32 g
Cholesterin: ca. 50 mg

Medaillons mit Spargelsalat (Foto)

300 g grüner Spargel, 1 unbehandelte Orange, 100 ml Gemüsebrühe (Instant), Jodsalz, Pfeffer, 125 g Schweinemedaillons, 1 EL rosa Pfeffer, 2 TL Sesamöl, 3 Walnusskerne, 2 Zweige Koriander

→1 Spargel waschen und die Enden abschneiden. Orange waschen. Schale abreiben und Orange auspressen. Orangensaft mit Brühe und etwas Schale erhitzen. Mit Salz und Pfeffer würzen. Spargel bei mittlerer Hitze etwa 8 Minuten darin garen lassen.

→2 Fleisch abspülen und mit Küchenpapier trockentupfen. Mit einer Seite in den rosa Pfeffer drücken. Die Hälfte Sesamöl in einer beschichteten Pfanne erhitzen. Fleisch darin von beiden Seiten jeweils 4 Minuten knusprig anbraten. Mit Salz und Pfeffer würzen.

→3 Spargel abgießen. Mit restlichem Sesamöl beträufeln. Nüsse hacken und darüber streuen. Koriander vorsichtig waschen und trockenschütteln. Spargel mit Fleisch, restlicher Orangenschale und Koriander anrichten. Mit Bratenfond beträufeln und servieren.

Pro Portion: ca. 450 kcal
E 36 g, F 23 g, KH 16 g
Cholesterin: ca. 81 mg

Fischfilet mit Mozzarella-Kruste

60 g Mozzarella, 1 Lauchzwiebel, 3 Zweige Basilikum, 60 g Feldsalat, 125 g Seelachsfilet, 1 TL Zitronensaft, 1 TL Olivenöl, Jodsalz, Pfeffer

→1 Mozzarella in kleine Würfel schneiden. Lauchzwiebel waschen und in dünne Ringe schneiden. Basilikum waschen, trockenschütteln und die Blättchen abzupfen. Blättchen hacken. Alles mischen.

→2 Feldsalat waschen und trockenschütteln. Seelachsfilet abspülen und mit Küchenpapier trockentupfen. Mit Limettensaft beträufeln und mit Salz und Pfeffer würzen.

→3 Olivenöl in einer beschichteten Pfanne erhitzen. Fischfilet darin kurz anbraten. Wenden. Käse-Kräuter-Mischung darauf verteilen. Fisch abgedeckt bei mittlerer Hitze etwa 6 Minuten braten lassen. Mit Salz und Pfeffer würzen. Auf dem Feldsalat servieren.

Pro Portion: ca. 360 kcal
E 35 g, F 19 g, KH 4 g
Cholesterin: ca. 102 mg

Geflügel-Risotto mit Pilzen

1 Knoblauchzehe, 2 TL Olivenöl, 40 g Risottoreis, 200 ml Gemüsebrühe (Instant), 100 g Kohlrabi, 100 g Shiitake-Pilze, 1 Möhre, Jodsalz, Pfeffer, 1 Prise Muskatnuss, 1 TL Honig, 100 g Hähnchenfilet, 3 Zweige Petersilie

→1 Knoblauch schälen und klein hacken. Die Hälfte vom Öl in einem Topf erhitzen. Knoblauch und Risottoreis darin glasig andünsten. Gemüsebrühe zugießen und Reis bei mittlerer Hitze etwa 20 Minuten ausquellen lassen.

→2 Kohlrabi schälen und klein schneiden. Shiitake-Pilze abreiben und halbieren oder vierteln. Möhre schälen und in dünne Scheiben schneiden. Kohlrabi, Pilze und Möhre zum Risotto geben und etwa 10 Minuten mitgaren. Mit Salz, Pfeffer, Muskatnuss und Honig abschmecken.

→3 Hähnchenfilet abspülen und mit Küchenpapier trockentupfen. Fleisch in Streifen schneiden. Mit Salz und Pfeffer würzen. Restliches Öl in einer Pfanne erhitzen. Fleisch darin 5 Minuten knusprig anbraten. Petersilie waschen, trockenschütteln und klein hacken. Risotto mit Petersilie und Hähnchenfilet mischen. Servieren.

Pro Portion: ca. 450 kcal
E 30 g, F 13 g, KH 48 g
Cholesterin: ca. 60 mg

Indische Puten-Pfanne

80 g Putenfilet, 200 g Mango, 3 Lauchzwiebeln, 150 g Aubergine, 1 TL Olivenöl, Jodsalz, Pfeffer, 2 TL Currypulver, 200 ml Kokosmilch, 40 g Basmati-Reis

→1 Putenbrust abspülen und mit Küchenpapier trockentupfen. Fleisch in Streifen schneiden. Mango schälen und den Stein herauslösen. Frucht in Würfel schneiden. Lauchzwiebeln und Aubergine waschen. Lauchzwiebeln in Ringe schneiden. Aubergine vierteln und in dünne Scheiben schneiden.

→2 Öl in einer beschichteten Pfanne erhitzen. Aubergine und Lauchzwiebel darin 3 Minuten andünsten. Mango und Putenfleisch zugeben. Mit Salz, Pfeffer und Curry würzen. Kokosmilch zugießen. Alles bei mittlerer Hitze etwa 15 Minuten garen lassen.

→3 Basmati-Reis in Salzwasser etwa 15 Minuten bei mittlerer Hitze garen lassen. Abgießen. Putenpfanne nochmals abschmecken und mit Reis servieren.

Pro Portion: ca. 460 kcal
E 26 g, F 8 g, KH 65 g
Cholesterin: ca. 48 mg

Lachsfilet auf Quinoa-Spinat (Foto)

225 g tiefgefrorener Blattspinat, 30 g Quinoa, Jodsalz, 10 g Pinienkerne, 1 Knoblauchzehe, 1 kleine Zwiebel, 1 EL Olivenöl, Pfeffer, 1 Prise gemahlene Muskatnuss, 80 g Bio-Lachsfilet

→1 Spinat auftauen und abtropfen lassen. Quinoa mit heißem Wasser in einem Sieb abspülen. 100 ml Salzwasser aufkochen. Quinoa zugeben und bei mittlerer Hitze etwa 25 Minuten gar kochen. Abgießen. Pinienkerne in einer Pfanne ohne Fett rösten. Knoblauch und Zwiebel schälen und in kleine Würfel schneiden.

→2 Die Hälfte Öl erhitzen. Zwiebel und Knoblauch darin andünsten. Spinat zugeben und 2 Minuten mitdünsten. 100 ml Wasser zufügen und etwa 10 Minuten garen lassen. Quinoa unterrühren. Mit Salz, Pfeffer und Muskatnuss würzen. Lachs abspülen, mit Küchenpapier trockentupfen und mit Salz und Pfeffer würzen. Restliches Öl erhitzen. Lachs von jeder Seite 4 Minuten anbraten. Lachs mit Spinat und Pinienkernen servieren.

Pro Portion: ca. 490 kcal, E 30 g, F 27 g, KH 26 g, Cholesterin: ca. 26 mg

Puten-Reis-Pfanne

1 Bund Lauchzwiebeln, 1 Apfel, 20 g getrocknete Aprikosen, ½ kleine rote Chili, 40 g Langkorn-Wildreis-Mischung, Jodsalz, 1 EL Olivenöl, 3 EL Apfelsaft, 1 EL helle Sojasauce, Pfeffer, 80 g Putenbrust

→1 Lauchzwiebeln waschen, putzen und in Stücke schneiden. Apfel waschen, halbieren und das Kerngehäuse herausschneiden. Apfel in Spalten schneiden. Aprikosen in Stücke schneiden. Chili waschen, aufschneiden und die Kerne entfernen. Chili klein schneiden. Reis in Salzwasser bei mittlerer Hitze etwa 15 Minuten gar kochen. Abgießen.

→2 Die Hälfte Öl in einem Topf erhitzen. Lauchzwiebeln, Chili, Apfelspalten und Aprikosen darin etwa 3 Minuten andünsten. Apfelsaft und Sojasauce zugeben. Mit Salz und Pfeffer würzen. Fleisch abspülen und mit Küchenpapier trockentupfen. Mit Salz und Pfeffer würzen und in Streifen schneiden. Restliches Öl in einer beschichteten Pfanne erhitzen. Fleisch darin etwa 5 Minuten knusprig anbraten. Fleisch mit Gemüse mischen und mit Reis servieren.

Pro Portion: ca. 480 kcal, E 25 g, F 12 g, KH 61 g, Cholesterin: ca. 48 mg

Heiße Nummer
Zum Anbraten von Fleisch und Fisch genügt wenig heißes Öl. So schließen sich gleich zu Beginn die Poren, alles bleibt saftig und nimmt wenig Öl auf. Für mehr Geschmack und noch weniger Fett: Fisch und Fleisch z. B. auf Gemüse dämpfen, in wenig Wasser bzw. Fond garen oder in Folie gewickelt im Ofen backen.

koch tipp

Süß-saurer Zander im Kohlmantel (Foto)

50 g Basmati-Reis, Jodsalz, 1 großes Wirsingblatt, 100 g Zanderfilet, 1 EL süß-saure asiatische Chilisoße, 2 Zweige Koriander, 1 TL Sesamöl

→1 Reis in Salzwasser etwa 12 Minuten gar kochen. Abgießen. Wirsingblatt waschen. Zanderfilet abspülen und trockentupfen.

→2 Fisch auf den Wirsing legen, mit Chilisoße bestreichen. Zum Päckchen einschlagen, feststecken. Öl erhitzen. Päckchen darin etwa 10 Minuten braten. Koriander waschen und trockenschütteln. Fisch mit Reis und Koriander servieren.

Pro Portion: ca. 460 kcal
E 24 g, F 13 g, KH 55 g
Cholesterin: ca. 70 mg

Lachs-Nudeln mit Brokkoli

200 g Brokkoli, 1 Stange Staudensellerie, ½ Bund glatte Petersilie, 50 g Bandnudeln, Jodsalz, 75 ml Gemüsebrühe (Instant), 20 g Parmesankäse, 40 g Räucherlachs, Pfeffer

→1 Brokkoli waschen und in kleine Röschen schneiden. Staudensellerie waschen und in dünne Scheiben schneiden. Petersilie waschen, trockenschütteln und die Blättchen abzupfen. Blättchen klein hacken.

→2 Bandnudeln in Salzwasser bei mittlerer Hitze etwa 8 Minuten bissfest kochen. Gemüsebrühe in einem Topf erhitzen. Brokkoli und Sellerie darin etwa 5 Minuten bei mittlerer Hitze garen.

→3 Parmesankäse auf einer Küchenreibe grob reiben. Räucherlachs in breite Streifen schneiden. Nudeln abgießen. Mit Petersilie, Gemüse, Parmesankäse und Lachsstreifen mischen. Mit Salz und Pfeffer würzen. Servieren.

Pro Portion: ca. 450 kcal
E 31 g, F14 g, KH 42 g
Cholesterin: ca. 33 mg

Kokos-Zitronen-Risotto mit Putenbrust (Foto)

½ Stange Zitronengras, 1 Schalotte, 1 TL Butter, 40 g Risottoreis, 250 ml Gemüsebrühe (Instant), 100 g Putenbrust, 1 TL Olivenöl, Jodsalz, Pfeffer, 3 Zweige Minze, 1 EL Kokosflocken

→1 Zitronengras waschen, in Stücke schneiden und die Stücke mit einem Messer flach drücken. Schalotte schälen und klein hacken. Butter in einem Topf erhitzen. Schalotte und Reis darin unter Wenden glasig dünsten. Zitronengras und Brühe zugeben und etwa 35 Minuten bei mittlerer Hitze ausquellen lassen, bis die Flüssigkeit vom Reis aufgenommen ist.

→2 Putenfleisch abspülen, mit Küchenpapier trockentupfen und in Streifen schneiden. Öl in einer beschichteten Pfanne erhitzen. Fleisch darin in etwa 8 Minuten knusprig braten. Mit Salz und Pfeffer würzen. Minze waschen, trockenschütteln und die Blättchen abzupfen. Blättchen klein hacken. Mit Kokosflocken und Putenbrust zum Risotto geben. Servieren.

Pro Portion: ca. 470 kcal, E 29 g, F 21 g, KH 37 g, Cholesterin: ca. 84 mg

Fenchelpfanne mit Kabeljau

50 g Basmati-Reis, 1 kleine Stange Lauch, 1 kleine Fenchelknolle, 1 EL Olivenöl, 150 ml Gemüsebrühe (Instant), Jodsalz, Pfeffer, 1 unbehandelte Orange, 50 g saure Sahne, 100 g Kabeljaufilet

→1 Reis in Salzwasser bei mittlerer Hitze etwa 15 Minuten gar kochen. Lauch und Fenchel waschen. Lauch putzen und in Ringe schneiden. Fenchelgrün abschneiden und hacken. Fenchel halbieren und in dünne Scheiben schneiden. Die Hälfte Öl in einem Topf erhitzen. Lauch und Fenchel darin andünsten. Brühe zugeben und bei mittlerer Hitze alles etwa 10 Minuten garen. Mit Salz und Pfeffer würzen.

→2 Orange waschen. Schale abreiben. Frucht so schälen, dass die weiße Haut mit entfernt wird. Filets heraustrennen und den Saft dabei auffangen. Orangenschale, -saft und saure Sahne zum Gemüse geben. Nochmals abschmecken. Fisch abspülen und mit Küchenpapier trockentupfen. Mit Salz und Pfeffer würzen. Restliches Öl erhitzen. Fisch darin von jeder Seite etwa 4 Minuten anbraten. Orangenfilets zugeben. Fisch mit Gemüse, Fenchelgrün und Reis servieren.

Pro Portion: ca. 480 kcal, E 29 g, F 17 g, KH 45 g, Cholesterin: ca. 69 mg

snacks

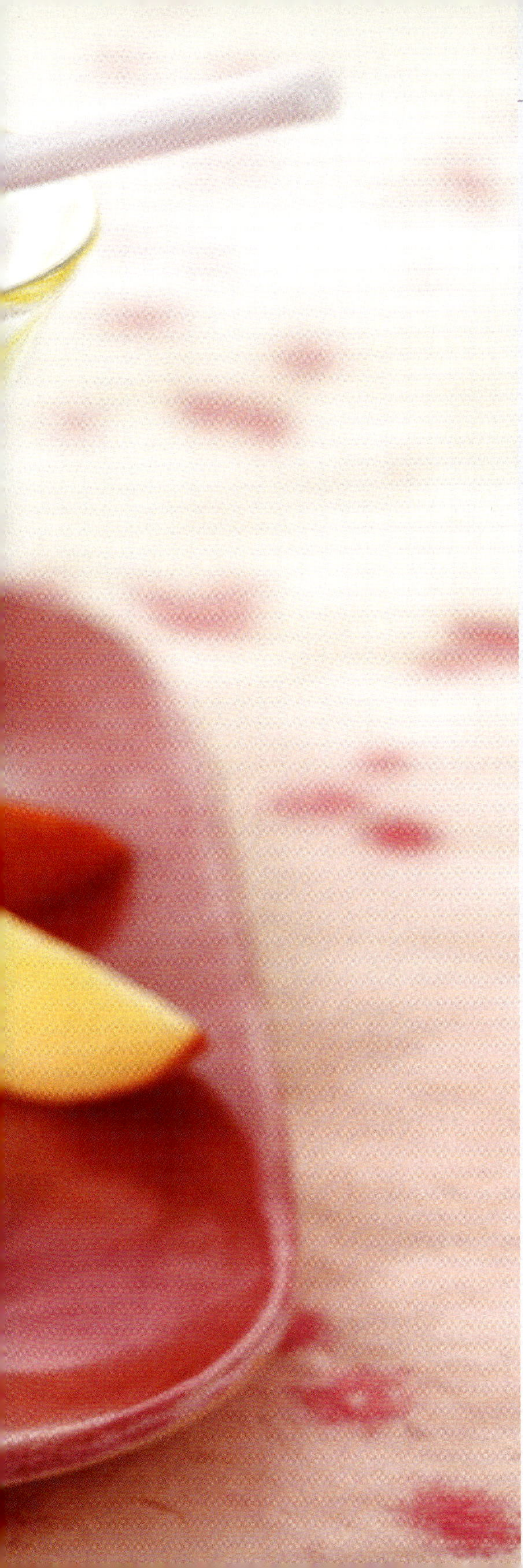

Für den kleinen Hunger: Snacks sind die perfekte Lösung für zwischendurch. Lässt die Konzentration nach oder knurrt der Magen – Obst und Gemüse als Salate, Shakes, auf Brot oder einfach so geknabbert laden die Akkus wieder auf. Gleichzeitig verhindern sie, dass der Blutzuckerspiegel sinkt. Heißhunger auf Süßes entsteht somit gar nicht erst

obst

Alles richtig fruchtig, saftig süß gereift. Obst schmeckt in tausendundeiner Kombination. Für alle Naschkatzen gibt es jede Menge Smoothies, Salate und Müslis.

→Das steckt drin: Obst ist randvoll mit Enzymen und sekundären Pflanzenstoffen wie Flavonoiden und Karotinoiden. Außerdem enthält es viel Vitamin C, K, Betakarotin sowie die Mineralstoffe Kalium, Magnesium und Eisen. Früchte sind echte Leichtgewichte und liefern nur bei sehr hohem Fruchtzuckergehalt (z. B. Bananen) etwas mehr Kalorien.

→So wirkt es: Enzyme kurbeln den Fettstoffwechsel an, und in Kombination mit Kalium entwässern sie den Körper. Der Gehalt an Fruchtzucker stoppt die Schokolust.

→Optimaler Genuss: Das Obstangebot ist immer riesig, also am besten Früchte frisch und saisonal essen. Konservierte Früchte enthalten kaum noch Vitalstoffe, dafür häufig viel Zucker. Tiefgefrorene Früchte sind okay.

Ananas mit Grenadine

(Foto) 200 ml ungesüßten Ananassaft mit Saft von **1 Zitrone** mischen und mit **2 zerkleinerten Eiswürfeln** in ein Glas geben. **2 EL Grenadinesirup** zugeben.

Nektarine mit Orange

1 Nektarine waschen, halbieren und entkernen. Mit **100 ml ungesüßtem Orangensaft** und dem **Saft von 1 Limette** pürieren.

Erdbeere mit Himbeere

100 g Erdbeeren und **50 g Himbeeren** verlesen und mit dem **Saft von 1 Orange** pürieren. Nach Wunsch mit **100 ml Mineralwasser** aufgießen.

Orange mit Kiwi

1 Kiwi dünn schälen und mit **150 ml ungesüßtem Orangensaft** pürieren. **2 TL Haselnusskerne** klein hacken und mit dem Saft vermischen.

Traube mit Erdbeere

(Foto) **3 Erdbeeren** waschen und vierteln. **1 Grapefruit** auspressen. Mit **100 ml ungesüßtem Traubensaft** und **50 ml Mineralwasser** aufgießen. Erdbeeren zugeben. Mit **3 Melisseblättchen** verzieren.

Guave mit Minze

100 ml Guavensaft (aus dem Asialaden oder Reformhaus) mit **100 ml kaltem Pfefferminztee** verrühren. Nach Geschmack mit dem Saft von **1 Zitrone** abschmecken.

Mango mit Sanddorn

150 g Mango schälen, den Stein entfernen und klein schneiden. Mit **1 EL Sanddornsaft** und **Saft von 1 Limette** pürieren.

Birne mit Orange

1 reife Birne waschen, halbieren und das Kerngehäuse entfernen. Mit dem **Saft von 2 Orangen** pürieren. **100 ml kaltes Mineralwasser** zugießen.

Johannisbeere mit Apfel

100 ml ungesüßten Johannisbeersaft mit **50 ml ungesüßtem Apfelsaft** mischen. **3 Eiswürfel** klein hacken. In ein Glas geben. Saft einfüllen.

Melone mit Grapefruit

150 g Honigmelone schälen, entkernen und klein schneiden. Mit dem **Saft von 1 Grapefruit** pürieren. **3 Zweige Zitronenmelisse** klein hacken und unterrühren.

Pfirsich mit Himbeere

1 reifen Pfirsich waschen, halbieren und den Stein herausnehmen. Mit dem **Saft von 1 Zitrone** pürieren. **50 g Himbeeren** vorbereiten und vorsichtig unterrühren.

Ananas mit Honig

150 g Ananasfruchtfleisch klein schneiden und mit dem **Saft von 1 Zitrone** und **1 TL Honig** pürieren. **2 Zweige Minze** waschen, etwas zerkleinern und mit **100 ml Mineralwasser** und dem Fruchtmus verrühren.

Holunder mit Birne

100 ml ungesüßten Holunderbeersaft (aus dem Reformhaus) mit **75 ml ungesüßtem Birnensaft** gut verrühren. Nach Geschmack mit **1 TL Honig** süßen.

Mango mit Ananas

100 g reife Mango schälen und den Kern herausschneiden. Fruchtfleisch würfeln und mit **100 ml ungesüßtem Ananassaft** pürieren. **2 TL Pistazienkerne** in einer Pfanne ohne Fett rösten, hacken und darüber streuen.

Grenadine mit Apfel

2 Eiswürfel zerkleinern und mit **2 EL Grenadinesirup** in ein Glas füllen. **100 ml kalten ungesüßten Apfelsaft** dazu gießen. **1 Zweig Zitronenmelisse** waschen, zerkleinern und darüber streuen.

Zitrone mit Minze

2 Zitronen auspressen. **3 Zweige Pfefferminze** waschen, trockenschütteln und zerkleinern. Mit **200 ml Mineralwasser** aufgießen. Etwa 30 Minuten kalt stellen.

Himbeere mit Aprikose

4 Aprikosen waschen, entkernen und in Spalten schneiden. Mit **100 g Himbeeren** vermischen. Mit **1 TL braunem Zucker** und dem **Saft von 1 Zitrone** beträufeln.

Birne mit Pflaume

1 Birne entkernen und in Scheiben schneiden. **4 Pflaumen** halbieren und entkernen. Mit **1 TL Honig** und etwas **Zimt** mischen.

Orange mit Weintraube

100 g blaue Weintrauben halbieren. Mit dem **Saft von ½ Orange** mischen. **100 g fettarmen Jogurt** mit **30 g Rosinen** mischen. Jogurt über die Trauben geben.

Melone mit Pfirsich

(Foto) 1 Pfirsich halbieren und entkernen. Fruchtfleisch in Spalten schneiden. **100 g Wassermelone** schälen, entkernen und klein schneiden. **2 Erdbeeren** würfeln. Alles mit je **1 TL Ahornsirup** und **Zitronensaft** mischen.

Apfel mit Müsli

½ Apfel waschen, halbieren, entkernen und grob raspeln. **100 g Magerquark** mit **1 EL Mineralwasser** und **1 EL Müsli (ohne Zucker)** mischen. Apfel unterheben.

Orange mit Datteln

1 Orange schälen, so dass die weiße Haut entfernt wird. Filets heraustrennen. **3 getrocknete Datteln** in Würfel schneiden. **1 TL braunen Zucker** darüber streuen.

Birne mit Müsli

1 Birne halbieren und entkernen. In Würfel schneiden. Mit **1 EL Müsli (ohne Zucker)** und **100 ml fettarmer Milch** mischen.

Kiwi mit Rosinen

2 Kiwi schälen und in Scheiben schneiden. **1 Apfel** waschen, entkernen und klein schneiden. Kiwi mit Apfel, **1 EL Rosinen** und dem **Saft von 1 Orange** mischen.

Feige mit Weintraube

2 Feigen waschen und achteln. **100 g blaue Weintrauben** halbieren und entkernen. **1 EL Kokosflocken** in einer Pfanne ohne Fett rösten, mit dem **Saft von 1 Zitrone** und dem Obst vermischen.

Blaubeere mit Flocken

100 g Blaubeeren waschen und mit **100 g Magerquark** und **1 EL fettarmer Milch** verrühren. Mit **1 TL Honig** abschmecken und mit **1 EL Vollkornhaferflocken** bestreuen.

Brombeere mit Pfirsich

100 g Brombeeren mit **1 TL Ahornsirup** und dem **Saft von 1 Zitrone** mischen. **1 Pfirsich** waschen, halbieren und den Stein entfernen. Fruchtfleisch in Würfel schneiden. Mit Brombeeren mischen.

Banane mit Apfel

½ Banane in Scheiben schneiden. **1 Apfel** halbieren, das Kerngehäuse entkernen und Apfel klein schneiden. Obstsalat mit **1 TL Honig** und **1 EL Kürbiskernen** mischen.

gemüse

Ob als Drink oder Salat, Gemüse-Snacks mit Kräutern oder Gewürzen sind einfach und schnell zubereitet. Am besten sofort zugreifen und genießen.

➜Das steckt drin: Der Gehalt an Vitaminen (Vitamin C, E, Betakarotin, B-Vitamine), Mineralstoffen (Kalium, Magnesium, Eisen, Kalzium) und Ballaststoffen ist extrem hoch. Gemüse eignet sich super für Snacks, da es außerdem einen niedrigen Kaloriengehalt hat.

➜So wirkt es: Roh gegessen akiviert es den Fettstoffwechsel. Zudem sättigt es für lange Zeit.

➜Für Eilige: Frisch gepresste Gemüsesäfte schmecken sehr aromatisch. Wer aber keine Saftpresse oder wenig Zeit hat, kann ungesüßte Säfte kaufen. Geöffnete Flaschen im Kühlschrank aufbewahren und schnell verbrauchen.

Kohlrabi mit Schafskäse

100 g Kohlrabi schälen und in ganz dünne Scheiben schneiden. Mit je **1 TL Essig** und **Olivenöl** beträufeln. Mit **Salz und Pfeffer** würzen. **30 g Schafskäse** zerbröckeln und darüber streuen. Mit **1 Scheibe Vollkornknäcke** essen.

Rote Bete mit Orange

1 gekochte Rote Bete schälen und in Scheiben schneiden. Mit **Salz und Pfeffer** würzen. Mit **1 EL Balsamico-Essig** und **1 EL Öl** mischen. **1 TL Leinsamen** darüber streuen. **50 g Magerquark** mit **Saft und Schale von 1 unbehandelten Orange** mischen. Dazu essen.

Radieschen mit Gurke

½ Bund Radieschen und **100 g Gurke** waschen. Auf einer Reibe dünn in Scheiben hobeln. Mit je **1 TL Essig** und **Öl** mischen. Mit **Salz und Pfeffer** würzen. Mit **2 Sesamgrissini** essen.

Möhre mit Mango

(Foto) 100 g reife Mango schälen und den Stein entfernen. Mit **125 ml ungesüßtem Möhrensaft** pürieren.

Rauke mit Tomate

50 g Rauke waschen, Stielenden abschneiden. **1 Tomate** waschen und in Würfel schneiden. **65 g Mozzarella** klein schneiden. Rauke, Tomate und Käse mit **1 TL Essig** und **Olivenöl** mischen. Mit **Salz und Pfeffer** würzen.

Paprika mit Möhre

½ rote Paprika waschen, entkernen und in Stücke schneiden. Mit **100 ml ungesüßtem Möhrensaft** pürieren. Drink mit **Salz, Pfeffer** und **2 Spritzern Tabasco** abschmecken. **3 Zweige glatte Petersilie** waschen, trockenschütteln und klein hacken. Petersilie unterrühren.

Möhre mit Sauerkraut

(Foto) 150 ml ungesüßten Möhrensaft mit **150 ml Sauerkrautsaft** (beide aus dem Reformhaus) mischen. Etwas **Schnittlauch** klein hacken und zugeben. Mit **Salz und Pfeffer** würzen. Dazu **5 Vollkornkräcker.**

Sellerie mit Paprika

½ rote Paprika waschen, entkernen und klein würfeln. Mit **2 EL körnigem Frischkäse** verrühren. Mit **Salz und Pfeffer** abschmecken. **3 Stangen Staudensellerie** waschen, putzen, in mundgerechte Stücke schneiden und in die Käsecreme dippen.

Avocado mit Möhre

50 g reife Avocado schälen, mit **1 EL Limettensaft** pürieren. **50 g fettarmen Jogurt** gut unterrühren. Mit **Salz und Pfeffer** abschmecken. **2 Möhren** schälen und in Stifte schneiden. Möhren in die Avocadocreme dippen.

Pilze mit Parmesan

100 g braune Champignons vorsichtig abreiben und in dünne Scheiben schneiden. Je **1 TL Dijon-Senf, Olivenöl** und **Limettensaft** gut verrühren. Die Champignons mit dem Dressing beträufeln. **20 g frischen Parmesankäse** reiben und gleichmäßig über den Pilzen verteilen. Etwa 15 Minuten marinieren lassen.

Sauerkraut mit Minze

100 ml ungesüßten Sauerkrautsaft (aus dem Reformhaus) mit **100 ml stillem Mineralwasser** mischen. **4 Minzblättchen** waschen, trockenschütteln und etwas zerkleinern. Minze unterrühren.

Möhre mit Sesam

2 Möhren schälen und mit einer Küchenreibe grob raspeln. Je **1 TL Sesam, Honig** und **Olivenöl** und **1 EL Orangensaft** mischen. Möhren mit dem Dressing verrühren.

Rettich mit Tomate

100 g Rettich schälen, in dünne Scheiben hobeln. **100 g Tomate** waschen und fein würfeln. **2 Zweige Basilikum** hacken. Tomate mit Basilikum, **1 TL Olivenöl, Salz und Pfeffer** verrühren. Über den Rettich geben.

Sellerie mit Apfel

2 Stangen Staudensellerie waschen und klein schneiden. **1 Apfel** waschen, entkernen und grob raspeln. Alles mit je **1 TL Essig und Öl** mischen. Mit **Salz und Pfeffer** würzen.

brot & kräcker

Für alle, die es kräftiger mögen. Herzhaft mit Gemüse oder süß mit Obst – hier hat alles richtig Biss. Das volle Korn in Brot oder Gebäckstangen ist super zum Belegen und Dippen.

→Das steckt drin: Vollkorn ist reich an Ballaststoffen und nerven- und muskelstärkendem Magnesium. Zudem liefert es viel Niacin und Biotin.

→So wirkt es: Ballaststoffe sind echte Sattmacher. Sie kurbeln die Verdauung an und ermöglichen eine optimale Nährstoffaufnahme im Körper. Biotin sorgt dafür, dass das Essen in Körperenergie umgewandelt wird. Außerdem stärkt es Haare und Haut. Magnesium und Niacin stärken die Konzentration und machen fit.

→Bitte beachten: Vollkornprodukte nicht herunterschlingen. Wer länger kaut, dem liegen die Ballaststoffe leichter im Magen, und er ist schneller satt. Deshalb auch ruhig kalorienfreie Getränke wie z. B. Wasser dazu trinken.

Kräuter mit Vollkorn

100 g Magerquark mit **2 EL fettarmer Milch** verrühren. **1 Päckchen Kresse** und etwas **Schnittlauch** waschen und hacken. Unterrühren. Mit **Salz und Pfeffer** würzen. **1 Scheibe Vollkornbrot** damit bestreichen.

Avocado mit Dreikorn

2 Tomaten waschen. **50 g Avocado** schälen. **½ Chili** entkernen. Alles sehr fein würfeln. **3 Zweige glatte Petersilie** waschen, trockenschütteln und hacken. **1 TL Pinienkerne** zerkleinern und zugeben. Mit **Salz und Pfeffer** würzen. Mit **6 Vollkornkräckern** essen.

Schinken mit Grissini

3 Grissinistangen mit **3 dünnen Scheiben rohem Schinken** umwickeln. **1 kleine Birne** waschen, halbieren und entkernen. Birne in Scheiben schneiden und zu den Schinkenstangen essen.

Tomate mit Vollkorn

1 Scheibe Vollkornbrot mit **100 g körnigem Frischkäse** bestreichen. **1 Tomate** waschen und in Scheiben schneiden. Diese auf den Frischkäse legen. Mit **Salz und Pfeffer** würzen. **1 Zweig Thymian** waschen, trockenschütteln, die Blättchen abzupfen und darüber streuen.

Gurke mit Knäcke

1 Vollkornknäcke dünn mit **1 TL Butter** bestreichen. Mit **1 Scheibe (30 g) Gouda** belegen. **150 g Salatgurke** waschen und in dünne Scheiben schneiden. Mit **Salz und Pfeffer** würzen. Knäcke mit Gurke essen.

Tomate mit Sesam

(Foto) 100 g Magerquark mit **1 EL fettarmer Milch** verrühren. Mit **Salz und Pfeffer** würzen. **1 Tomate** waschen, würfeln und unterrühren. **3 Sesamstangen** in den Quark dippen.

Tomate mit Ciabatta

2 Scheiben Ciabattabrot mit **1 TL fertigem grünem Pesto (Glas)** bestreichen. **1 Tomate** waschen, in Scheiben schneiden. Darauf legen und mit **Salz und Pfeffer** würzen.

Erdbeere mit Vollkorn

150 g Erdbeeren waschen und klein schneiden. **1 Scheibe Vollkornbrot** mit **1 EL fettarmem Frischkäse** bestreichen. Erdbeeren darauf legen. Mit **1 TL Honig** beträufeln.

Mozzarella mit Knäcke

1 Tomate waschen und in Scheiben schneiden. **60 g Mozzarella** in kleine Würfel schneiden. **1 Scheibe Knäckebrot** damit belegen. **2 Zweige frisches Basilikum** waschen, Blättchen abzupfen und darüber streuen. Würzen.

Apfel mit Zwieback

1 Apfel waschen und in Scheiben schneiden. **1 Zwieback** mit **1 EL Magerquark** bestreichen. Mit Apfel belegen. **1 TL gehackte Nüsse** darüber streuen.

Möhre mit Schwarzbrot

1 Scheibe Schwarzbrot (Pumpernickel) mit **2 EL körnigem Frischkäse** bestreichen. **1 Möhre** schälen, in dünne Scheiben schneiden. Den Frischkäse damit belegen. Mit **Salz und Pfeffer** würzen.

Banane mit Zwieback

2 Vollkorn-Zwiebäcke mit **1 TL Honig** bestreichen. **½ Banane** in dünne Scheiben schneiden und darauf legen. **1 Zweig Minze** waschen, Blättchen abzupfen und darauf verteilen.

Schafskäse mit Knäcke

50 g Schafskäse in Scheiben schneiden. **½ Paprika** waschen, entkernen und in Scheiben schneiden. Beides auf **1 Scheibe Knäcke** legen. Mit **Salz und Pfeffer** würzen.

Himbeere mit Grissini

150 g Himbeeren vorbereiten und mit **100 g Magerquark** verrühren. **3 Zweige Minze** waschen, trockenschütteln und hacken. Minze unter den Quark rühren. Mit **3 Stangen Sesamgrissini** essen.

milch & jogurt

Superleicht und einfach frisch – Jogurt, Milch, Kefir, Buttermilch und Molke sind schnell für den kleinen Hunger mit saisonalem Obst und aromatischen Gewürzen aufgepeppt.

→Das steckt drin: Milchprodukte enthalten Kalzium und B-Vitamine und wertvolles Eiweiß (bei Sojaprodukten rein pflanzlich). Durch die Mischung mit Obst sind diese Snacks zudem reich an Vitamin C, A und K

→So wirkt es: Milchprodukte sind schön kalorienarm. Kalzium stärkt die Knochen und sorgt für die Weiterleitung von Informationen an Muskeln und Zellen. Durch das enthaltene Eiweiß wird der Stoffwechsel aktiviert und Energie gewonnen. Kombiniert mit Früchten und Nüssen wird die Körperabwehr gestärkt.

→Für ganz Eilige: Sollte keine Zeit zum Mixen sein, fettarmen Jogurt mit wenig Zucker oder Zuckeraustauschstoffen kaufen. Wichtig: auf die Kalorienangabe achten.

Grapefruit mit Milch

(Foto) 1 rosa Grapefruit halbieren und den Saft auspressen. **1 Banane** schälen. Grapefruitsaft und Banane mit **200 ml Buttermilch** pürieren. Mit **1 Prise Zimt** abschmecken.

Pfirsich mit Soja

(Foto Seite 192) 2 reife Pfirsiche waschen, halbieren, entkernen und klein schneiden. Frucht mit **150 g Sojajogurt,** dem **Saft von 1 Limette** und **1 TL Honig** pürieren

Mango mit Jogurt

100 g Mango schälen und den Stein entfernen. Fruchtfleisch klein schneiden. Mit **200 g fettarmem Jogurt** und **1 TL Honig** pürieren.

Blaubeere mit Dickmilch

100 g Blaubeeren verlesen und waschen. Mit **100 g fettarmer Dickmilch** und **1 TL Ahornsirup** gleichmäßig verrühren.

Banane mit Soja

100 g Banane schälen, in Stücke schneiden und mit **100 ml Sojamilch** pürieren. **2 TL Zitronensaft** unterrühren. Drink etwa 15 Minuten kalt stellen. **1 TL Walnusskerne** in einer Pfanne ohne Fett rösten, hacken und darüber streuen.

Melone mit Jogurt

100 g Honigmelone schälen und entkernen. Fruchtfleisch klein schneiden und mit dem **Saft von 1 Limette** pürieren. Fruchtmus mit **100 g fettarmem Jogurt** verrühren.

Himbeere mit Milch

150 g Himbeeren vorbereiten und mit **1 TL Honig** und **100 ml fettarmer Milch** pürieren. **1 EL Leinsamen** verrühren.

Pfirsich mit Jogurt

(Foto rechts) **1 reifen Pfirsich** halbieren, entsteinen und klein schneiden. Frucht mit **50 ml Orangensaft** pürieren. **100 g Sojajogurt, 2 TL gemahlene Mandeln** und **1 Prise Kreuzkümmel** unterrühren. Eiskalt servieren.

Möhre mit Molke

150 ml Molke mit **100 ml ungesüßtem Möhrensaft** und **1 TL Sanddornsaft** verrühren. Mit **Pfeffer** würzen.

Sanddorn mit Jogurt

100 g fettarmen Jogurt mit **1 EL Sanddornsaft** verrühren. **2 kleine Mandarinen** halbieren, auspressen. Saft mit dem Jogurt verrühren.

Paprika mit Jogurt

½ rote Paprika waschen und würfeln. Mit **100 g fettarmem Jogurt** pürieren. Mit **Salz und Pfeffer** würzen. **2 Zweige Basilikum** waschen, trockenschütteln, klein hacken und unterrühren.

Birne mit Kokos

(Foto links) **1 reife Birne** schälen, halbieren und das Kerngehäuse herausschneiden. Birne in Würfel schneiden. Mit **100 ml Kokosmilch** und **50 ml fettarmer Milch** pürieren. Mit **1 Prise Zimt** abschmecken.

Tomate mit Buttermilch

2 kleine Tomaten waschen und würfeln. **100 g Salatgurke** waschen und klein schneiden. Mit **200 ml Buttermilch** pürieren. Drink mit **Salz und Pfeffer** abschmecken und 15 Minuten kalt stellen.

Tomate mit Kefir

100 g Tomaten waschen und klein schneiden. Mit **100 ml Kefir** pürieren. Mit **Salz, Pfeffer und Paprikapulver** abschmecken. **8 grüne Oliven mit Paprikafüllung** dazu essen.

Gemüse mit Buttermilch

100 ml Gemüsesaft mit **100 ml Buttermilch** und **1 Spritzer Tabasco** verrühren. Mit **Salz und Pfeffer** würzen.

Gurke mit Jogurt

150 g Salatgurke waschen und mit **100 g fettarmem Jogurt** pürieren. Mit **Salz und Pfeffer** abschmecken. **2 Zweige Pfefferminze** waschen, trockenschütteln und klein hacken. Minze unterrühren und den Drink etwa 30 Minuten kalt stellen.

saisonkalender: gemüse

gemüse	Jan	Feb	März	April	Mai	Juni	Juli	Aug	Sept	Okt	Nov	Dez
Artischocken	🟡	🟡	🟠	🟠	🟠				🟡	🟡	🟡	🟡
Auberginen				🟡	🟠	🟠	🟠	🟠	🟡			
Batavia	🟡	🟡	🟡	🟡	🟠	🟠	🟠	🟠	🟠	🟡	🟡	🟡
Bleichsellerie	🟡	🟡	🟡	🟡	🟡	🟡	🟠	🟠	🟠	🟠	🟡	🟡
Blumenkohl	🟡	🟡	🟠	🟠	🟡	🟡	🟠	🟠	🟠	🟠	🟡	🟡
Bohnen grün			🟡	🟡	🟡	🟡	🟠	🟠	🟠	🟡	🟡	🟡
Brokkoli		🟡	🟡	🟡	🟡	🟠	🟠	🟠	🟠	🟠	🟡	
Champignons	🟠	🟠	🟠	🟠	🟠	🟠	🟠	🟠	🟠	🟠	🟠	🟠
Chicoree	🟠	🟠	🟠	🟠	🟡				🟡	🟠	🟠	🟠
Chinakohl	🟠	🟠	🟠	🟡	🟡	🟡			🟠	🟠	🟠	🟡
Dicke Bohnen					🟡	🟠	🟠	🟠	🟡			
Eichblattsalat				🟡	🟠	🟠	🟠	🟠	🟠	🟠	🟡	
Einlegegurken						🟡	🟠	🟠	🟠	🟡		
Eisbergsalat	🟡	🟡	🟡	🟡	🟡	🟠	🟠	🟠	🟠	🟠	🟡	🟡
Endiviensalat	🟡	🟡	🟡	🟡			🟡	🟡	🟠	🟠	🟠	🟡
Erbsen grün				🟡	🟡	🟠	🟠	🟠	🟡			
Esskastanien					🟡	🟠	🟠	🟠				
Feldsalat	🟡	🟡	🟡					🟡	🟠	🟠	🟠	🟠
Fenchel	🟡	🟡	🟡	🟡	🟡	🟡	🟡	🟠	🟠	🟠	🟠	🟡
Grünkohl	🟠	🟠	🟡	🟡						🟡	🟠	🟠
Haselnüsse	🟡	🟡						🟡	🟠	🟠	🟠	🟡
Kartoffeln	🟡	🟡	🟡	🟡	🟡	🟠	🟠	🟠	🟠	🟠	🟡	🟡
Kohlrabi		🟡	🟡	🟡	🟡	🟠	🟠	🟠	🟠	🟠	🟡	
Kopfsalat			🟡	🟡	🟠	🟠	🟠	🟠	🟠	🟠	🟡	🟡
Kürbis							🟡	🟠	🟠	🟠	🟠	🟡
Lollo Rosso	🟡	🟡	🟡	🟡	🟠	🟠	🟠	🟠	🟠	🟠	🟡	🟡

🟠 Haupterntezeit 🟡 bereits im Angebot

gemüse	Jan	Feb	März	April	Mai	Juni	Juli	Aug	Sept	Okt	Nov	Dez
Löwenzahn				○	○	●	●	●	○			
Mangold					○	●	●	●	●	○		
Meerrettich								○	●	●	●	○
Möhren	○	○	○	○	○	●	●	●	●	●	○	○
Paprika		○	○	○	○	●	●	●	●	●	●	○
Pastinaken	○						○	●	●	●	●	○
Pfifferlinge						○	●	●	●	○	○	
Porree/Lauch	○	○	○			○	●	●	●	●	○	○
Rauke			○	●	●	●	●	●	●	●	○	
Radieschen			○	○	●	●	●	●	●	○		
Radicchio				○	○	○	●	●	●	●	○	
Rettich					○	○	●	●	●	●	○	○
Rosenkohl	●	●	○	○					○	●	●	●
Rote Bete	○	○							●	●	●	○
Rotkohl	○	○	○					○	●	●	●	○
Salatgurke	○	○	○	○	○	●	●	●	●	○	○	○
Schwarzwurzeln	○	○	○	○					●	●	●	●
Sellerieknollen	○	○	○						●	●	●	○
Spargel				○	●	●						
Spinat			○	●	●	○		○	●	●	○	
Steckrüben	●	○							○	●	●	●
Steinpilze						○	●	●	●	○		
Süßkartoffeln	○	○	○	○	○	●	●	●	●	○	○	○
Tomaten	○	○	○	○	○	○	●	●	●	●	○	○
Topinambur								○	●	●	●	○
Walnüsse	○							○	●	●	○	○
Weißkohl	○	○		○	●	●	○		●	●	●	○
Wirsing				○	●	●			●	●	●	○
Zuckermais							○	●	●	●		
Zucchini					○	●	●	●	●	●	○	
Zwiebeln	○	○	○	○	○	●	●	●	●	●	○	○

saisonkalender: obst

obst	Jan	Feb	März	April	Mai	Juni	Juli	Aug	Sept	Okt	Nov	Dez
Apfel	○	○	○	○			○	●	●	●	●	○
Ananas	●	●	●	●	○	○	○	○	●	●	●	●
Apfelsinen	●	●	●	●						○	●	●
Aprikosen						○	●	●	○			
Avocado	●	●	●	○						○	●	●
Bananen	○	○	○	○	○	○	○	○	○	○	○	○
Birnen							○	●	●	●	○	
Brombeeren							○	●	●	○		
Clementinen	●	●	○							○	●	●
Datteln	●	○	○	○	○	○	○	○	○	●	●	●
Erdbeeren				○	●	●	●	○				
Feigen	●	●	●	●			●	●	○	○	○	●
Granatapfel						○	○	○	○	●	●	●
Grapefruit	●	●	●	●						●	●	●
Guave	●	●	○	○	○	●	●	●	●	●	●	●
Hagebutten								○	●	●	●	
Heidelbeeren						○	●	●	○			
Himbeeren						○	●	●	○			
Holunderbeeren								○	●	○		
Johannisbeeren						○	●	●				
Kaki	●	●	○	○	○	○	○			●	●	●
Kapstachelbeere	●	●	●	●	●	●	○	○	○	○	○	●
Kirschen süß					○	●	●					
Kirschen sauer						○	●	●	○			
Kiwis	●	●	●	●	●	●	●	●	●	●	●	●
Kokosnuss	●	●	●	●	●	●	●	●	●	●	●	●
Kumquat	●	●	○	○	●	●	●	○	●	●	○	●

● Haupterntezeit ○ bereits im Angebot

obst

	Jan	Feb	März	April	Mai	Juni	Juli	Aug	Sept	Okt	Nov	Dez
Limette	●	●	●	●	●	●	●	●	●	●	●	●
Mango	●	●	●	●	●	●	●	●	●	●	●	●
Maracuja	●	●	●	●	●	●	●	●	●	●	●	●
Mirabellen						○	●	●	○			
Nektarinen						●	●	●	○			
Papaya	●	●	●	●	○	○	○	○	○	●	●	●
Pfirsiche						○	●	●				
Pflaumen							●	●	●	○		
Preiselbeeren							○	●	●	○		
Renekloden						○	○	○	○			
Rhabarber				●	●	●						
Quitten									●	●	●	
Sanddorn								○	●	●		
Stachelbeeren												
Wassermelonen							○	●	●			
Weintrauben	○	○	○	○	○	○	○	○	●	●	○	○
Zitronen	●	●	●	●	●	●	●	●	●	●	●	●

kräuter

	Jan	Feb	März	April	Mai	Juni	Juli	Aug	Sept	Okt	Nov	Dez
Basilikum			○	○	●	●	●	●	●	○		
Dill			●	●	●	●	●	○	○			
Estragon				○	○	●	●	●	●	○	○	
Minze	●	●	●	●	●	●	●	●	●	●	●	●
Oregano	●	●	●	●	●	●	●	●	●	●	●	●
Petersilie	○	○		●	●	●	●	●	●	○	○	○
Salbei	●	●	●	●	●	●	●	●	●	●		
Schnittlauch	●	●	●	●	●	●	●	●	●	●	●	●
Waldmeister					●							
Zitronenmelisse		○	○	●	●	○	○					

register

Alle **Rezepte mit Foto** sind hervorgehoben

frühstück

brotzeit

milch & more

müsli

pancakes & co

mittags

abendbrot

fisch

fleisch

suppen

vegetarisch

snacks

brot & kräcker

gemüse

snacks

milch & jogurt

obst

sachverzeichnis

vital-tipps

koch-tipps

schön
Entdecken Sie die schönsten Seiten des Lebens:
Zartmacher
beauty
Durchatmen
Buchweizentorte mit Blaubeeren
Fruchtzeit
essen
Yufka-Törtchen mit Beeren
mode news
Gesunde Baumwolle
Schön aufgereiht
Das Lieblingsstück des Monats
Rot & süß

Welcome to Wellness
vital
gesund
aktiv
anziehend
www.vital.de
Welcome to Wellness
vital
OKTOBER 2004 2,20 €
Beauty im Internet
Test: die besten Seiten
Schluss mit dem Stress
Selbsthilfe nach der Traditionellen Chinesischen Medizin
Sensible Haut
Pflegefehler erkennen – die richtige Kosmetik finden
Knackige Äpfel
Pikant, deftig, herzhaft, süß: neue Rezepte
Super-Strategien gegen Essfallen
Jeden Monat NEU!
Macht Ihr Job Sie dick?
Kantine, Schichtdienst, Hektik: Experten verraten, wie Sie trotzdem schlank bleiben
Kalorienarme Snacks zum Mitnehmen
Spielereien fürs Strand-Workou